Gottlieb Stephanie, Christian Gottlob Stephanie, Henry Fielding

Der Hochzeittag oder Der Feind des Ehestandes

ein Lustspiel in fünf Aufzügen

Gottlieb Stephanie, Christian Gottlob Stephanie, Henry Fielding

Der Hochzeittag oder Der Feind des Ehestandes
ein Lustspiel in fünf Aufzügen

ISBN/EAN: 9783743413726

Hergestellt in Europa, USA, Kanada, Australien, Japan

Cover: Foto ©ninafisch / pixelio.de

Manufactured and distributed by brebook publishing software (www.brebook.com)

Gottlieb Stephanie, Christian Gottlob Stephanie, Henry Fielding

Der Hochzeittag oder Der Feind des Ehestandes

Personen:

Millamour. — Herr Stephanie.

Heartfort. — Herr Müller.

Stedfast. — Herr Weißkern.

Mutable. — Herr Heydrich.

Der junge Mutable. — Herr Brenner.

Squeezepurse. — Herr Gottlieb.

Brazen. — Herr Jaquet.

Doctor Crisis. — Herr Preinfalk.

Clarinda. — Mad. Henseln.

Charlotte. — Mad. Huberin.

Useful. — Mad. Schwagerin.

Plotwel. — Mad. Jaquet.

Bediente, 2c.

Der Schauplatz ist in London.

Erste Handlung.

Erster Auftritt.

Der Ort ist Millamours Wohnung. Brazen ist auf einem Stuhl eingeschlaffen.

Millamour.

Ruft verschiedene mahle: Brazen! wie, schämst du dich nicht, nichtswürdiger Kerl, daß du zu dieser Stunde des Tages schläffest? Glaubest du in Spanien zu seyn, weil du allezeit schlaffen willst, wenn andre zu Mittag essen.

Brazen. Erwacht. Wärlich, mein Herr! ich glaube wer mit den Eulen wachet, muß auch mit ihnen ruhen. Spanien! ich sollte vielmehr glauben, bey den Gegenfüßern zu seyn, wenn wir darnach urtheilen wollen, wie ich die Zeit zubringe: und ich sehe nicht, warum

um dieselbe Glocke, die andere zum Eßen läutet, mich nicht sollte zum Schlaf läuten; denn ich danke es dem Himmel und Ew. Gnaden, daß ich in diesen zweyen Tagen kein anderes Mittageßen als den Schlaf gehabt habe.

Millamour. Halt ein mit deinen unverschämten Reden, und mache alles bereit zu meiner Ankleidung.

Brazen. Welches Kleid belieben Ew. Gnaden heut zu tragen?

Millamour. Hole mir das blaue mit Silber; oder warte — das braune mit Gold. Komme zurück. Bringe mir vielmehr das schwarze, das schicket sich am besten zu meinem jetzigen Zustande.

Brazen. Mich dünket, die Galonen schicken sich am besten für ihren Zustand. Die mehresten, die sich in Ew. Gnaden Umständen befinden, tragen Galonen.

Millamour. Höre Monsieur, ich habe dich öfters gewarnet, dich nicht so gemein zu machen; du must entweder deinen Herren verlassen; oder dein Klügeln fahren laßen.

Brazen. *Für sich.* Das ist wahr: wenn ich klug gewesen wäre, sollte ich schon längst von ihm gegangen seyn: kein kluger Diener bleibet bey einem Herrn, der sein Geld durchgebracht hat.

Millamour. Hole mir das galonirte — geschwind; die Gemeinschaft ist eine Art von Zinsen, die alle Diener von ihren verschuldeten Herrn ziehen: und wie es der sicherste Weg ist,

ist, sich einen Freund zum Feinde zu machen, wenn man ihme schuldig ist; so macht man sich hingegen einen Diener zum Freunde, wenn er unser Gläubiger wird.

Zweyter Auftritt.

Millamour, Fr. Useful, Brazen.

Brazen. Mein Herr, sind Ew. Gnaden zu Hause? die Frau Useful ist hier.

Millamour. Schlingel, du weist, daß ich allezeit zu Hause bin für meinen Freund, meine Geliebte, und ihre Aufwärterin.

Fr. Useful. Ey nun — wie lange soll ich denn an der Thüre warten, bis Ew. Gnaden überlegt haben, ob sie mich vorlassen wollen oder nicht? Halten sie mich denn für einen Bettler oder einen Mahner? Oder wollen sie mir wie einem Krämer mit einer Rechnung, und einem Poeten mit einer Zuschrift begegnen?

Millamour. Zu Brazen. Da kanst du Lumpenhund sehen, was du anrichtest. Seyn sie willkommen, meine erzürnte Schöne, legen sie das Schreckende in ihren Blicken ab, weil es nicht meine sondern meines Dieners Schuld war.

Fr. Useful. Sollte ich ihnen nicht zu jeder Stunde des Tages willkommen seyn?

Millamour. Ja, ja, Sie sind es auch: Sie sind mir zweymal willkommen, einmal wegen ihrer

ihrer Gebietherin, und dann einmal wegen ih‑
rer eignen Verdiensten.

Fr. Useful. Sie scherzen: Aber dies Blatt wird vermuthlich ihre Lust zum Scherzen auf einige Stuffen herunter setzen.

(Sie überreicht ihm einen Brief.)

Millamour. Ich hoffe, sie werden sich doch nichts mit der Justiz zu schaffen machen; denn kein Brief wird mir Verdruß erwecken, er sey denn von einem Anwald. (Er eröfnet den Brief.) Ha Stedfast! ich kenne die Hand, den Namen aber nicht. Er liest:

Mein Herr!

„Ihre Aufführung gegen mich verbindet mich
„zwar zu nichts weniger, als ihnen von meinen
„Entschlüßen einige Rechenschaft zu geben; den‑
„noch, weil es die letzten Zeilen sind, die sie von
„mir sehen werden, habe ich mir so viel Gewalt
„angethan, ihnen zu berichten, daß ihre Lebens‑
„art, mich endlich dahin vermocht hat, eine
„Sicherheit gegen die Gefahr, die ich von ihnen
„befürchten muste, zu suchen. Diesemnach
„habe ich mich einem Manne übergeben, des‑
„sen Vermögen und aufrichtige Gesinnungen, mit
„der Zeit, in meinem Herzen diejenige Liebe er‑
„wecken werden, die ihre Aufführung gänzlich —
„gänzlich — (es ist ein verwünschtes hartes Wort)
„gänzlich ver — til — get hat, und mich glück‑
„lich machen werden unter dem Namen

Clarinda Stedfast.

Fr.

Fr. Useful. Was denken sie itzt mein Herr!
Millamour. Was sollte ich denken! daß ich ein unglücklicher Mensch bin, und das liebenswürdigste Kind verlohren habe.
Fr. Useful. Ich habe es ihnen offt gesagt, was endlich daraus werden würde, aber sie bleiben auf ihrem verderblichen Wege. Nichts ist gewisser als was redliche Leute uns zu Gemüte führen; wir wissen unser Glück nicht zu schätzen, bis es uns aus den Händen ist.
Millamour. Ey dieses ist allerdings wahr; denn bisher habe ich den Werth der Clarinda nicht genugsam erwogen. (Er ließt wieder:) Hum, Hum! — „Ich habe mich einem Manne übergeben, deßen Vermögen und aufrichtige Gesinnungen;„ Hieraus schlüße ich daß mein Nebenbuhler ein reicher alter Knabe seyn müsse; warhaftig! Clarinda hätte nicht beßer wählen können. Reich und alt — diese Wahl macht ihrem Verstande Ehre.
Fr. Useful. Ich werde einen getreuen Bericht abstatten, mit welcher Philosophie sie diese Neuigkeit empfangen haben.
Millamour. Ach wenn sie nur die Helfte meiner Zärtlichkeit und meines Kummers ausdrücken wollten, so müsten sie eine neue Sprache darzu erfinden.
Fr. Useful. Ich glaube, sie würden am besten thun, wenn sie selbst die Feder ansetzten, sie ihr zu beschreiben.
Millamour. Ich habe mehr Vertrauen zu ihrer Beredsamkeit: das Papier wird ihr nichts

mehr bekannt machen, als was ich darauf schreibe; aber was ihre —

Fr. Useful. Wenn ich einen Zusatz machen sollte, würde es gewiß nicht zu ihrem Vortheil seyn.

Millamour. Ich darf mich auf sie verlaßen; Sie verstellen sich vergebens, ich weiß es doch wohl, wie gerne sie mir dienen.

Fr. Useful. Das ist was besonders, daß ein Verliebter ein Schreiben seiner Geliebten nicht beantworten will.

Millamour. O Niemand schreibet schlechter, als einer der würklich verliebt ist: denn die Liebe, so wie die Ehrlichkeit erscheinet am schönsten bey dem Heuchler. In der Abbildung des Gemüts, sowohl als des Gesichts, übertrift die Kunst gemeiniglich die Natur.

Fr. Useful. Das sind alles kahle Entschuldigungen; ich erwarte nichts von ihnen, als Verwünschungen, Drohungen, Seufzer, Wehklagen und Rasen.

Millamour. Sie irren sich. Ich verhalte mich bey der Verheyrathung einer Geliebten, wie bey dem Tode eines Freundes; ich wende das äußerste an, es zu verhüten, aber wenn das Schicksal es so haben will — —

Fr. Useful. Sie sind ein leichtsinniger Mensch: Sie wißen ja, daß es bey ihnen gestanden ist, es abzuwenden.

Millamour. Das ist wahr, mein Schatz; allein ich bin eben so wenig entschloßen, meine Freyheit der einen aufzuopfern, als mein Leben

ben für den andern: und wenn nichts als die Ehe oder mein Tod sie retten kan, wohlan, so bleibe ich in Statu quo, es mag daraus entstehen was da wolle. (*Er schlägt einen Knick.*)

Brazen. Mein Herr, es ist ein Frauenzimmer da. Ich weiß nicht, ob sie unter einem der Titeln kommt, die Ew. Gnaden belieben vor sich zu laßen.

Millamour. Schlingel — laß alles Frauenzimmer, das sich meldet, herein.

Fr. Useful. Ich werde mich gleich entfernen.

Millamour. Warum das?

Fr. Useful. O, ich wollte nicht für die ganze Welt, daß man mich bey ihnen anträffe.

Millamour. Aber warum nicht? bleiben sie doch nur da, ich sage ihnen, es hat nichts zu bedeuten.

Fr. Useful. Weil sie es durchaus haben wollen, so will ich bleiben, aber sie müßen mir erlauben, mich für ihre Verwandtin auszugeben.

Millamour. Das steht ihnen frey.

Dritter Auftritt.

Millamour, Fr. Useful, Fr. Plotwel.

Millamour. Ha!

Fr. Plotwell. Sie scheinen mir bestürzt zu werden, mein Herr! dieses ist vermuthlich ein Besuch, den sie nicht erwarteten. Doch sehe ich, daß es ihnen nicht frembe ist, Besuch vom Frauenzimmer anzunehmen.

Fr. Useful. Nein Madame, mein Vetter Millamour ist sehr glücklich bey dem Frauenzimmer.

Millamour. Zur Fr. Plotwel. Ich glaube Fr. Muhme, dieses ist eine Verwandtin, die sie noch nicht kennen; erlauben sie mir, daß ich sie einander bekannt mache. Fr. Muhme Useful, das ist meine Muhme Plotwel, Fr. Muhme Plotwel, dieses ist meine Muhme Useful. (Sie grüßen sich einander.) Wohlan, Verwandte müssen nicht mit trocknem Munde bey einander seyn. Brazen hole etwas zu trinken.

Useful und Plotw. Ich werde nicht einen Tropfen genießen.

Millamour. Kommen sie nur; es wird ihnen keinen Schaden thun. Nun Muhme, Plotwel, wie haben sie ihre Bekanndten in Norden verlaßen? Haben sie keine Briefe an mich?

Fr. Plotwel. Nur einen einzigen.

Millamour. Zu Brazen, der die Flasche bringt. Geschwind, Schlingel, schenkt für das Frauenzimmer ein; Hörst du? (Er nimmt den Brief von der Plotwel, und öfnet denselben.)

Mein Herr!

„Nach so vielen Verschwörungen und Betheurungen, würde ich über die Falschheit eines
Men-

„Menschen erstaunen, der nicht ein so grosser
„Bösewicht wäre, wie sie sind. Allein, da ich
„längstens überzeugt bin, daß sie nicht einen Fun-
„ken Tugendliebe haben, daß sie aus allen, was
„niederträchtig ist, zusammen gesetzet sind, daß
„sie der gröste Tyrann, und der gröste Betrü-
„ger und Meyneidiger auf der Welt sind: so
„kan ich von ihnen nichts anders erwarten. Da-
„ferne sie dieses, und noch zehenmal mehr, nicht
„verdienen wollen, so erfüllen sie, was sie einer
„höchst-beleidigten Person schuldig sind.

Lucina.

Fr. Plotwel. Nun mein Herr, was schreibet meine Muhme gutes?

Millamour. Sie erkundiget sich sehr nach
meinem Wohlbefinden, und beklaget sich, daß
ich so lange nicht geschrieben habe; Es ist
nichts Geheimes darinnen enthalten; ich will
es ihnen vorlesen.

Fr. Plotwel. Um des Himmels willen, of-
fenbaren sie nicht die Geheimnüße ihrer Familie.

Millamour. Er liest:

Mein werther Vetter!

„Ich glaube gern, daß es einem artigen Her-
„ren mitten unter den Zerstreuungen der galan-
„ten Welt, nicht wohl möglich sey, an eine alte
„Muhme in Nordhumberland zu gedenken; aber
„doch möchten sie zuweilen Gelegenheit finden,
„ihr wißen zu laßen, was in der Welt vorgehet.„

Ich

Ich will nicht weiter lesen. Die guten Weiber auf dem Lande glauben gewiß, daß man in der Stadt nichts anders zu thun habe, als sie beständig mit frischem Stoff zu Verläumdungen bey ihrem Theetisch zu versehen. Hat denn die Alte keine Bekandte unter den Weibern: die würden eben so viel Vergnügen finden, ihr Lästerungen zu schreiben, als sie haben mag, sie zu erzählen. Was mich betrift, so werde ich mich mit fremden Sachen nicht beunruhigen, so lange ich an meine eigene zu denken habe.

Fr. Plotwel. Ich hoffe doch, sie werden den Brief ihrer Muhme beantworten.

Millamour. Ich weiß nicht; er mag sich selbst beantworten; senden sie ihn so wie er ist zurück, und hinten darauf können sie ihr etwa meine Dienstgefließenheit bezeugen.

Vierter Auftritt.

Millamour, Fr. Useful, Fr. Plotwel, Brazen.

Brazen. Mein Herr! — Herr!

Millamour. Was denn, ist etwamm wiedrum eine Muhme da? ich nehme heute keinen Besuch von Frauenzimmern mehr an.

Brazen. Nein, Herr Heartfort ist darunten.

Millamour. Bitte ihn herauf zu kommen.

Fr.

Fr. Plotwel. Sind sie denn entschloßen den Brief nicht zu beantworten?

Millamour. Ganz zuverläßig; und sagen sie der rasenden Schönen, sie habe einen zwey= fachen Sieg erhalten: ihre Schönheit hat mei= ne Vernunft besieget, und nun besieget ihr Zorn meine Liebe. Versichern sie ihr meine Dienst= fertigkeit, und wenn sie wieder zu sich selbst gekommen ist, so sagen sie ihr, daß auch ich zu mir selbst gekommen bin.

Fr. Plotwel. Sie werden ihre Trotzigkeit bereuen; ich warne ihnen.

Millamour. Sie haben ihre Abfertigung — Jetzt habe ich mit meiner andern Muhme noch was zu reden.

Fünfter Auftritt.
Millamour, Fr. Useful.

Millamour. Und sie, Madam, versichern sie die künftige Fr. Stedfast meiner völligen Er= gebenheit. Sagen sie ihr, ich werde mich be= mühen, das liebenswürdige Bild, das Cla= rinda in meine Seele gepräget hat, zu verlö= schen, weil sie jetzt einem andern zu Theil ge= worden ist. Ich will ihr alles Gute von Her= tzen wünschen; aber sie nicht mehr lieben.

Fr. Useful. Ist das alles?

Millamour. Sie können ihr noch sagen: ich werde alles meiden, was mich ihrer erin= nern mag. —

Fr.

Fr. Useful. Sie sind ein graufamer Menſch. Geſetzt aber, ich könnte noch eine Unterredung mit ihr auswürken; geſetzt, ich könnte ſie vermögen, ſie noch heute in ihrem eigenen Hauſe zu beſuchen.

Millamour. Geſetzt, o, ſie ſind eine unſchätzbare Creatur. Geſetzt, ich gäbe ihnen die ganze Welt zur Vergeltung.

Fr. Useful. Gut, ich will glauben, daß ſie ein Mann ſind, der Wort hält; ich werde ſehen, was ich thun kan; bleiben ſie nur zu Hauſe. (Gehet ab.)

Millamour. So müſſen Leute, die mit Geſchäften überhäuft ſeyn, den Ueberlauf abfertigen. Allein, ob ich gleich meine Unzufriedenheit gegen dieſe Frau zu verbergen geſucht habe, ſo liegt mir doch Clarinda näher am Herzen, als ich es wünſche; dieſer werthe Name enthält etwas, das bey mir eine ganz andere Empfindung erregt, als der Name irgend eines andern Frauenzimmers; der Gedanke, ſie in eines andern Armen zu ſehen, iſt mir ein Stich durch das Herz.

Sechſter Auftritt.

Millamour, Heatfort.

Heartfort. Guten Morgen, mein lieber Millamour.

Millamour. Guten Morgen Heartfort, warum ſo niedergeſchlagen?

Heartford. Ach, Millamour! ich bin der unglücklichste Mensch. Ich habe die Beherrscherin meines Herzens verlohren.

Millamour. Und ich habe deren zwo verlohren.

Heartfort. Die Person, die ich biß zur Narrheit liebte, wird sich heut an einen andern verheyrathen.

Millamour. Und dieß macht sie so betrübt? trösten sie sich damit, daß sie mit ihrem Freunde ein ähnliches Schicksaal haben. Meine beste Geliebte wird auch noch heute heyrathen.

Heartfort. Sie wissen nicht, was das ist, zärtlich lieben.

Millamour. Wahrlich, nein, nicht gar zu zärtlich — und nicht ohne eine ziemliche Mischung von Mäßigung. Hierinn bestehet der Unterschied zwischen uns: Sie, Heartfort, brauchen Mäßigung in allen Dingen ausser in der Liebe, ich hingegen in keinem mehr als in dieser, und dabey fahr ich recht wohl. Liebe und Ehestand sind ein paar Wörter, worüber ich am öfterften und liebsten scherzen mag.

Heartfort. Meine Leidenschaft, Millamour, kann keinen Scherz vertragen.

Millamour. Es thut mir leid. Der Scherz ist eine Art von Probierofen für ihre Leidenschaft: Wenn sie diesen nicht aushalten kann, so ist sie in der That gefährlich. Ich will mich also nach ihrer Schwachheit richten, und ihrenthalben bey einer Sache ernsthaft seyn, bey welcher ich gewiß niemahls ernsthaft seyn würde, wenn sie meine eigne wäre. Oefnen sie demnach ihre

Wun-

Wunde, und ich will ihnen den besten Rath ertheilen, den ich kann.

Heartfort. Ich kenne ihre Gemüthsart, mein werther Millamour, gar zu wohl, daß ich ihnen für diese Gefälligkeit nicht viele Verbindlichkeit haben sollte; bey dem allen aber möchte mein Zustand vielmehr ihr Mitleiden als ihren Rath erfordern; denn das letzte Wort, das ich von meiner Geliebten hörte, war, daß sie mich von ganzem Herzen hasse.

Millamour. Hum! ich glaube, ihr Zustand bedarf weder meines Mitleidens noch meines Raths.

Heartfort. Doch dieses ist noch nicht das fürchterlichste, vielleicht möchte die Zeit ihre Gesinnung ändern.

Millamour. Schwerlich, wenn sie so heftig ist.

Heartford. Ich hoffe, ihre Hefftigkeit wird eine Ursache ihrer Veränderung seyn, hierinn bestärket mich die Erfahrung; denn sie hat mir erst neulich versichert, daß sie mich von ganzem Herzen liebe.

Millamour. Und was ist die Ursache dieser grossen Veränderung?

Heartfort. O, ich darf die ganze Philosophie auffordern, den Grund eines einzigen ihrer Entschlüsse ausfündig zu machen. Man möchte eher alle Erscheinungen der Natur erklären als die Veränderungen in ihren Gesinnungen. Alles, was sie aus der gegenwärtigen Verfassung ihres Gemüths auf ihre künftige Denkungsart schließen können, ist dieses, daß sie dem, was sie heute versichert, unfehlbar morgen widersprechen wird.

Millamour. Auf diese Art können sie ja gewisse Rechnung machen, daß sie heute ihrem Nebenbuhler den Abschied geben werde, wenn sie sich ihm gestern versprochen hat.

Heartfort. Allein sie hat einen Vater, dessen Entschlüsse unwiederrreiblich sind, er hat mich so förmlich ausgeschlagen als seine Tochter selbst, und will sie heute einem andern geben, den er mir vorgezogen hat.

Millamour. Vermuthlich aus der alten Ursache, weil er reicher ist als sie.

Heartfort. Nein, bey meiner Treue; sondern aus einer ganz neuen Ursache; weil er ein grosser Schwelger ist. Denn sie müssen wissen, dieser unbiegsame Kopf, dessen Wille so unveränderlich ist, als die Gesetze in Persien, läßt sich durch so seichte Gründe stimmen, als gewisse Provinzen, deren Entschliessungen von gar keiner Beständigkeit sind. Kurz, mein Herr! er hat den Grundsatz angenommen, ein junger Mensch müsse einmahl in seinem Leben rasen; und darum will er einen Schwiegersohn haben, dessen Ausschweifungen ihm bereits bekannt sind. Endlich hat das Vertrauen zu der Schönheit und der grossen Weißheit seiner Tochter, ihn völlig dahin gebracht, den Herrn Mutable zu wählen.

Millamour. Wie, unsern Mutable?

Heartfort. Ihn selbst — ob ich gleich Ursache zu glauben habe, sie hege so viel Widerwillen gegen ihn, als gegen mich. Es ist ein ande-

B   rer

rer, Millamour, der mich aus ihrem Herzen vertrieben hat, den ich aber nicht habe entdecken können; zu dieser Heyrath wird sie von ihrem Vater gezwungen.

Millamour. Also kennen sie den nicht, den sie liebet; sie haben blos ihren künftigen Mann entdecket.

Heartfort. Ach! dieser Name ist mir schreckensvoll.

Millamour. Hum, warlich ihm selbst mag er schreckensvoll seyn. Ich wenigstens wüste kein Wort, das in meinen Ohren fürchterlicher klingt, als der Name Ehemann. Ich wollte lieber ein Bewahrer vom Serail, als ein Ehemann seyn.

Heartfort. Ach scherzen sie doch nicht. Einer Stunde, einer Minute, ja eines Augenblickes Aufschub kann meinen Untergang befördern. Möchte ich sie doch nur noch einmal vor ihrer Verheyrathung sehen, so möchte der Zwang ihres Vaters sie mir vielleicht wieder in die Arme werfen. Allein, er ist entschlossen, sie soll sich an einem Tage mit ihm vermählen, und er wird heute die zweyte Frau nehmen. — O Millamour! sie haben eine fruchtbahre Erfindungskraft. — Wenden sie selbe doch zu meinem Besten an, denn ich schwöre ihnen, ich kann nicht glücklich seyn, ausser in dem Besitz der Jungfer Stedfast.

Millamour. Die Jungfer Stedfast! — und ihr Vater wird sich heute verheyrathen! ein sonderbah-

ein Lustspiel,

verbahrer Zufall, meine Geliebte wird also ihrer Geliebten Stiefmutter.

Heartfort. Wie verstehen sie das?

Millamour. Dieser Mann, den sie zu ihrem Schwiegervater ausersehen haben, und der es auch gewiß werden soll, hat mich aus dem Reihen herausgestoßen, und das Ziel erreicht.

Heartfort. Sie sind glücklich, Millamour, daß sie den Verlust ihrer Geliebten so leicht ertragen können.

Millamour. Und zwar den Verlust einer Geliebten, nach der ich so grosse Sehnsucht getragen habe, und von der ich oft mit so vieler Zärtlichkeit zu ihnen geredet habe; — den Verlust der Clarinda.

Heartfort. Was sagen sie! war die Jungfer Lovely ihre Clarinda?

Millamour. Ja, mein Herr, die Jungfer Lovely, bald die Frau Stedfast, war meine Clarinda, und ist noch meine Clarinda; und die Jungfer Stedfast soll die ihrige seyn.

Heartfort. Halten sie nur hierinn ihr Wort, Millamour.

Millamour. Verziehen sie nur ein wenig, Heartfort; — daferne sie geneigt ist, sie zu sehen, so will ich eine Maschine herbey schaffen, die sie zu ihrem Zweck führen soll, allen Vätern in Europa zu Trutz.

Heartfort. Aber die Zeit —

Millamour. Wollen sie mit mir eintretten? Mittlerweile ich mich ankleide, so soll Brazen sogleich die Person aufsuchen. Kommen sie,

fassen

faſſen ſie einen Muth, wir werden den Sieg über alle erhalten, ich bin ihnen Bürge dafür.

Heartfort. Allein, wie kann ich wiſſen, ob nicht jeder Augenblick der verwünſchte Zeitpunct meines Unglücks ſey: vielleicht giebt dieſe Minute ſie einem andern.

Millmour. Sie kann aber nicht ihre Neigung geben. Da ich von ihnen gehört habe, daß ihre Geliebte beydes, Verſtand und Schönheit beſitze, ſo können ſie ſichre Rechnung machen, dieſe beyden Eigenſchaften werden ſie den Armen eines Mannes entziehen, den ſie nicht liebet; ſie wird gewiß die ihrige, ich ſtehe ihnen dafür, ob ich ſchon, aufrichtig zu reden, es lieber ſehen würde, wenn ſie meinem Beyſpiel folgen, und das Glück der Freyheit, dem Joch des Eheſtandes vorziehen wollten.

Heartfort. Leichtſinniger Millamour! werden ſie nie anders denken?

Millamour. Nein, nimmermehr!

❋❋❋❋❋❋❋❋:❋❋❋❋❋❋❋❋

Zweyte Handlung.

Erſter Auftritt.

(Der Ort iſt die Gaſſe.) Millamour, Heartfort.

Millamour.

Sie ſind glücklich geweſen, daß ſie ſich an mich gewendet haben; ſie hätten keine geſchicktere Perſon

Person zu ihren Absichten finden können als diese Frau; allein ich muß ihnen sagen, ihre Geschicklichkeit muß durch das Geld in Bewegung gebracht werden, auserdem bleibet sie unwirksam.

Heartfort. Daran soll es nicht fehlen. Wenn meine Charlotte in Gefahr ist, so ist mir mein Vermögen, ja mein Leben eine Kleinigkeit.

Millamour. Gut, für einen gesetzten und vernünftigen Mann sind sie etwas heftig in ihrer Leidenschaft. Ich habe allezeit geglaubet, die Liebe sey einem Manne von Nachdenken so unbekannt als die Religion einem Atheisten.

Heartfort. Das kann vielleicht seyn; denn ich glaube, ein Atheist ist bey der Verachtung der Religion öfters so wenig aufrichtig, als jener bey der Verachtung des weiblichen Geschlechts. Man hat Exempel von Leuten, die sich für Verächter von beyden ausgegeben haben, daß sie vor ihren Götzen und vor ihren Geliebten sind kniend angetroffen worden.

Millamour. Das sind Heuchler, die man verspotten muß.

Heartfort. Lassen sie uns gehen Millamour.

Millamour. Es ist noch nicht die bestimmte Zeit.

Heartfort. Es ist nichts daran gelegen: es kommt jemand, mit dem ich nicht reden mag.

Millamour. Ha, ihr Nebenbuhler! nein, er wird ihnen nicht verdrüßlich fallen; sie haben mir ja gesagt, er wäre der Heyrath eben so sehr entgegen als sie selbst: sie dürfen nicht vermuthen,

then, daß er aus bloſſer Gefälligkeit gegen ſeinen eignen Vortheil handeln werde.

Heartfort. Eben deswegen mag ich nicht mit ihm reden. Ich bin nicht gnug Herr über meine Leidenſchaft; überdem kann ich ſeine Unverſchämheit und Aufſchneiderey en nicht vertragen. Ich kann nicht hören, daß ein Menſch mit der Vertraulichkeit dieſes Herzogs, dieſes Lords prahle, mit denen er doch nie geredet hat, oder die er wohl gar nicht geſehen hat.

Millamour. Dieſe Eitelkeit iſt doch noch weit unſchuldiger, als die Prahlerey mit den Gunſtbezeugungen des andern Geſchlechts, deren, wie ich gewiß weiß, auch Leute von Verſtande ſich öfters theilhaftig machen, welches eine Eitelkeit iſt, die ſich mit Aufopferung der Ehre andrer vergnüget.

Heartfort. Und ich glaube in der That, daß jene der Ehre anderer eben ſo ſehr nachtheilig ſey. Denn ich ſehe nicht, wie es einem Frauenzimmer zur gröſſern Schande gereiche, mit einem vernünftigen Manne bekannt zu ſeyn, als es einem Vernünftigen zur Schande gereicht, mit einem Narren vertraut zu ſeyn.

Millamour. Ey, ſie ſind ja ſo ſcharf in ihrer Critic über die Auffführung der Menſchen, als ein beiſſender Criticus über ein Schauſpiel ſeyn kann. Ich hingegen lache vielmehr darüber, wenn ein Narr oder ein dummer Kerl von den vernünftigſten Männern mit aller regelmäſſigen Achtung begegnet, oder ihres Umgangs gewürdiget wird.

Heart-

Heartfort. Ueber einen Narren lachen ist, meines Erachtens, ihm seine eigne Waffen in die Hände geben; denn ein Narr lacht allezeit über die, welche ihn belachen, ja öfters gewinnt er bey diesem Gelächter, weil er überall andre Narren antrift, die ihm gleich sind; kurz, es ist eben so gefährlich öffentlich über die Narrheit spotten, als in der Türkey gegen den Mahometanischen Glauben zu reden; doch er ist schon hier — Guten Morgen.

Zwenter Auftritt.

Millamour, Heartfort, Mutable.

Mutable. Nein, es ist vergeblich, Heartfort, sie sollen mir nicht entrinnen. Daß ihre Geliebte zum Henker wäre! ich wollte keinen Freund verlieren für alle Weibsbilder in der ganzen Stadt; ich schere mich wenig darum, es ist genug von dem Zeug vorhanden. Wenn sie meinem Vater diese Heyrath aus dem Kopf bringen können, so mag sie meinetwegen der Teufel haben.

Heartfort. Hören sie, mein Herr, reden sie nicht so schimpflich von ihr.

Mutable. Wolan denn; ich wünsche, daß sie sie hätten, oder daß der Teufel sie hätte; es gilt mir gleich. Es ist sehr schwer es ihnen recht zu machen: ich soll sie lieben, und ich soll sie auch nicht lieben.

Millamour. Ey, Mutable, einem verliebten Menschen es recht zu machen, ist eben so schwer, als zwischen Scylla und Charybdis zu seegeln: man muß entweder in dem einen oder dem andern anstößig werden.

Heartfort. Ja ich wollte gerne, daß Charlotte die meinige allein wäre; aber ich kann doch nicht vertragen, daß ein anderer schimpflich von ihr rede.

Millamour. Hören sie, Mutable, was ist die Ursache, daß sie so früh ausgehen? sind sie früh zu Bette gegangen, oder sind sie gar nicht im Bette gewesen?

Mutable. Verflucht, gar nicht — dieser Lord Bouncer ist ein ewiger Sitzer.

Millamour. Wer war sonst von der Gesellschaft?

Mutable. Es waren da, ich selbst, drey Lords, zween Baronets, und ein Friedensrichter. Der letztere blieb zwar nicht lange: er war genöthiget um drey nach Hause zu gehen, und ein wenig zu schlummern, damit er im Gericht nüchtern erscheine.

Millamour. Und ein liederliches Leben und Ausschweifungen bestrafe.

Mutable. Sind sie eher in Gesellschaft mit dem Lord Grig gewesen, Millamour? er ist der lustigste Kerl — wir hatten unser Vergnügen mit ihm und dem Herzog von Fleetstret — Ha, ha, ha, sagte der Herzog zu mir — Bruder Mutable, sagte er zu mir — Ha, ha, ha, was denken sie von unserm Lord Grig? Wie,

mein

mein Lord Herzog, antwortete ich, was ich
von dem Lord Grig gedenke? er ist, erwiederte
der Herzog, verteufelt verliebt in die Lady Pible — Sie kennen Lady Pible, Millamour —
sie ist eine Spröde wie sie wissen — und dieses erinnert mich dessen, was Herr John Gübble
mir neulich zu Whites sagte —

Heartfort. O das ist unerträglich, ich kann es
nicht länger aushalten.

ab.

Dritter Auftritt.

Millamour, Mutable.

Mutable. Whites sage ich — hierbey fällt mir
ein, daß ich bey dem Lord Goodland meine Ent-
schuldigung muß machen lassen; er hat mich vor
zween Tagen eingeladen, heute mit ihm zu
speisen.

Millamour. Vor zween Tagen — Er reißte
ja vor acht Tagen aufs Land.

Mutable. Ey davon muß Herr Miseal nichts
gewust haben, denn er that vorgestern die Ein-
ladung; es befremdet mich demnach ein wenig.

Millamour. Das muß allerdings befremden;
denn er ist gestern noch in Scotland gewesen.

Mutable. Wie?

Millamour. Es ist ganz gewiß, ich versichere
ihnen.

Mutable. So wahr ich lebe, so muß ich alles
dieses geträumt haben; allein soll ich ihnen denn

Glück

Glück wünschen? man hat mir gesagt, daß sie sich verheyrathen werden.

Millamour. Wer hat ihnen das gesagt?

Mutable. Hum — das kann ich mir nicht erinnern; es war gewiß entweder die Herzogin von Hohlbourn, oder Lady Chatter, oder Lady Scramble, oder —

Millamour. Nein, sie haben es geträumet; ein gewisses Merkmal, es will nicht glücken.

Mutable. Hey, wo ist denn Heartfort hin.

Millamour. Er kann es bey einem glücklichen Nebenbuhler nicht aushalten.

Mutable. Der arme Teufel! ich beklage ihn von Herzen; und ich beklage mich selbst: denn ich versichre ihnen, es ist mir so leid, daß ich sie haben soll, als es ihm seyn mag, daß er sie verliehren soll.

Millamour. Allein ist kein Mittel ausfündig zu machen, den alten Herrn davon abzubringen?

Mutable. O! da kommt er. Ich bitte sie, thun sie einen Versuch; erlauben sie aber, daß ich sie Milord nenne, es wird ihnen ein grosses Gewicht bey ihm geben; er glaubet, ein Lord kann gar nicht irren.

Millamour. Ey, ist er so vom Range eingenommen?

Mutable. Aufs höchste. Sie müssen wissen, daß er eben deswegen bey dieser Heyrath Bedenken trug; ja, ich glaube, er würde, ungeachtet ihres ansehnlichen Vermögens, doch lieber eine Person vom Stande zu seiner Schwiegergertochter wählen, wenn sie gleich nicht einen Heller besässe.

Millamour. O, das ist ein wichtiger Umstand; mir fällt etwas ein — doch stille — er ist uns nahe.

Vierter Auftritt.

Der alte Mutable, der junge Mutable, Millamour.

Der alte Mutable. Ha, Sohn! treffe ich dich endlich an; ich habe so lange in der Stadt nach dir gesucht, daß ich mich bald verlohren hätte. Aber wer ist der Herr?

Der junge Mutable. Es ist einer der Lords, von denen ich ihnen berichtet habe, daß ich mit ihnen Gesellschaft halte — Er ist einer meiner vertrautesten Freunde. Ich will sie ihm gleichfalls bekannt machen. Mylord, dieses ist mein Vater.

Der alte Mutable. Zu Ew. Herrlichkeit Diensten, Mylord.

Millamour. Mein Herr, es ist mir viel Vergnügen sie in der Stadt zu sehen.

Der alte Mutable. Ich bin Ew. Herrlichkeit sehr verbunden, — ich bin einer so grossen Ehre nicht würdig, Mylord.

Der junge Mutable. Sie werden meinen Vater entschuldigen, Mylord; da er sich meistentheils auf dem Lande aufhält, so macht er nicht eine so artige Reverenz, wie wir.

Der alte Mutable. Mein Sohn hat Recht, Mylord! ich habe mich die meiste Zeit meines Lebens auf dem Lande aufgehalten, zu meinem grossen Schaden, und meinem Vater zum ewigen Vorwurf, Mylord. Allein, ich danke es meinem Gestirn, mein Sohn wird mich nicht beschuldigen können, daß ich es ihm an einer guten Erziehung mangeln lasse. Warlich, Mylord! es muß in Zeiten geschehen; ein Mensch kann nicht zu früh in die Welt geschickt werden: was können sie in den Schulen, oder auf der Academie lernen? nein, nein! ich sendete meinen Sohn in seinem sechzehenden Jahre nach Londen, und schärfte ihm sehr ein, daselbst die besten Gesellschaften zu besuchen. Und ich danke es meinem Gestirn, ich habe es erlebet, daß er einer der artigsten Herren geworden ist.

Der junge Mutable. Ach mein werther Herr Vater, ich bin ihnen dafür höchstens verbunden.

Millamour. Man hat es solchen vernünftigen Eltern, wie sie sind, mein Herr, zu verdanken, daß unsere Zeiten an solchen artigen Herren so reich sind. Unsere dumme Vorfahren waren entweder rauhe Soldaten, oder pedantische Gelehrte, oder grobe Bauern. Es war damals sehr selten, einen so artigen Herrn unter uns anzutreffen.

Der alte Mutable. Ich bin recht stolz darauf, Mylord, meinen Sohn in der Gesellschaft von Ew. Herrlichkeit zu finden.

Millamour. Mein werther Herr, ich versichere ihnen, die Ehre ist auf meiner Seiten.

Der alte Mutable. Man muß es gestehen, daß Leute von ihrem Stande zu leben wissen.

Millamour. Und ich glaube, daß meine Schwester so wie ich denke.

Der junge Mutable. (Für sich.) Seine Schwester? wo will das hinaus!

Der alte Mutable. Ich bin Ew. Herrlichkeit aufs höchste verpflichtet.

Millamour. Ich merke, sie sind sehr vorsichtig im Reden. Allein ich halte es gar nicht der Ehre meines Hauses nachtheilig, es durch Heyrath mit einer guten Familie zu verbinden, die ein gutes Vermögen besitzt, ob sie gleich nicht vom Stande ist.

Der alte Mutable. Mylord!

Millamour. Und da meine Schwester geneigt ist ihrem Herrn Sohn Gehör zu geben, so werde ich ihrer Vermählung nicht hinderlich seyn.

Der alte Mutable. Ich wundre mich sehr, Mylord —

Millamour. Nein, mein Herr! sie können sich nicht wundern, denn ich bin versichert, ihr Sohn besitzet zu viel Ehrliebe, daß er sich so weit sollte eingelassen haben, ohne es ihnen bekannt zu machen.

Der alte Mutable. O, ja, Mylord! er hat es mir bekannt gemacht, — ich bin in der That davon benachrichtiget worden — aber ich hielt die Ehre für gar zu groß, daß ich es glauben sollte.

Der junge Mutable. (Für sich.) Das wäre nicht

Der Hochzeittag,

nicht das erste Frauenzimmer, das ich geliebt hätte, ohne es ihm zu sagen.

Der alte Mutable. Schäme dich, mein Sohn, daß du mir nichts davon gesagt hast; ich werde die andre Heyrath zu hintertreiben suchen. Mylord! ich kann es ihnen nicht ausdrücken, wie verbindlich ich ihnen für die Ehre bin, die meinem Hause wiederfähret.

Millamour. Es wird mir ein Vergnügen seyn, sie bey mir zu sehen, mittlerweile wird Herr Mutable einen freyen Zutritt bey meiner Schwester haben.

Der junge Mutable. Mein werther Lord, ich bin ihr verbundenster Diener.

Der alte Mutable. Ich und die meinigen, Mylord, werden ihre Güte stets zu erkennen wissen; und ich hoffe, mein Sohn wird dadurch eben so sehr als ich gerühret seyn — ich muß mich jetzo wegbegeben, einige kleine Geschäfte auszurichten, und darauf will ich mich wiederum hier einfinden, und du sollst mich, mein Sohn, zu Sr. Herrlichkeit begleiten. Du must unfehlbar hier seyn, denn sonst würde es mir unmöglich fallen, dich zu treffen. Mittlerweile bin ich Ew. Herrlichkeit gehorsamster und unterthäniger Diener, zu Befehl.

Fünfter Auftritt.
Millamour, Mutable.

Millamour. Was sagen sie, habe ich den Alten nicht wohl einzulenken gewust?

Mu-

Mutable. Ja, aber, wie Lord Tritter zu sagen pflegt, wie sollen wir es ausführen?

Millamour. Darauf bin ich eben bedacht; gesetzt, ich gewönne eine Person, die meine Schwester vorstellte, — ich sehe, ihr Vater ist ein guter leichtgläubiger Mann, und nicht so unbiegsam, wie ihr Schwiegervater —

Mutable. Nein, leyder; er ist noch nicht in seinem Leben zwo Minuten bey einem Entschluß geblieben. Er ist das wahre Bild von dem Lord Schatterbrain, und sie wißen, der Lord Schatterbrain ist dafür bekannt, daß er selten Wort hält. Ich habe wohl funfzigmal mit ihm Abrede genommen, und niemals ist er derselben nachgekommen. Wenn wir denn wiederum zusammen kommen, sagt er mir, Bruder Mutable: — Ich hoffe, sie werden es mir verzeihen — ich habe ein so schwaches Gedächtniß — doch der Herr George Goose ist ihm völlig gleich — allein Goose ist ein Spasvogel, das hat seine Richtigkeit. Er, und ich, und der Herzog waren eben zugegen —

Millamour. Allein hören sie, ich habe einen Entwurf gemacht, wie die Sache einzufädeln ist. Heartforts Haus soll das meinige vorstellen; dahin sollen sie ihren Vater führen; sie werden daselbst ein Frauenzimmer vorfinden, das sie empfangen wird. — Aber sie werden sich erinnern, daß sie sich gegen ihr als gegen einer alten Bekandten aufführen; ich will sie unterrichten, wie sie ihnen antworten soll. Gehen sie itzt, und erwarten ihren Vater, und beobach-

beobachten sie wohl, daß sie mich Lord Truelave nennen.

Mutable. Ey, das ist artig; ich speisete ungefehr vor vier Tagen bey dem Herrn John Truelave: und wie viel Flaschen meynten sie, daß wir da ausleerten?

Millamour. Zwanzig Dußend, wenn sie wollen.

Mutable. Nein, warlich — nicht so viel — nicht völlig so viel; ich für meinen Theil wurde mit vieren fertig; und der Lord Puzzle war so besoffen — Ha, ha, ha, und so närrisch. —

Millamour. Aber wenn sie selbst jetzt nicht besoffen und närrisch sind, so gedenken sie an ihre Sache; daferne sie noch einen Augenblick verweilen, will ich sie ganz aufgeben.

Mutable. Ich gehe, ich gehe. Mylord Truelave ihr gehorsamer Diener — warlich Herr John ist einer der lustigsten Brüder in der ganzen Welt.

Sechster Auftritt.

Millamour allein.

Packe dich, du lebendiges Wörterbuch des Adels. Ich glaube, es ist die Eitelkeit solcher Narren, wie dieser ist, welche verursachet, daß Leute auf einen Titel so stolz sind, wenn sie auch keine andre Verdienste haben. Wenn ich doch meinen Einfall glücklich ausführen könnte! Lucina

ein Lustspiel. 33

rina bekäme auf die Art einen reichen Mann, und ich wäre denn vor ihren Verfolgungen sicher. Ich muß mit ihr sprechen, vielleicht glückt es mir sie zu überreden. Das wäre ein vortrefliches Paar. Der Mann ein eitler Narr; die Frau eine aufgeblasene Närrin! O wie viel Stoff für mich zum lachen!

Siebender Auftritt.

Der Ort ist des Herrn Stedfast Haus. Charlotte redet zur Fr. Useful, welche weggehet und bald darauf mit Heartfort zurück kommt.

Gut, gut, ich will ihn sehen, und ihm noch einmal seinen Abschied geben, weil er es so haben will. Der arme Narr, wie wenig erräth er seinen Nebenbuhler. — O, Millamour, du hast meinem Herzen in einer Woche mehr Seufzer ausgepreßet, als es jemals empfunden hat, ja als ich selbst andern habe empfinden lassen. Wie soll ich ihm meine Leidenschaft kund thun, oder wie soll ich die Heyrath abwenden; die mein Vater mir bestimmet hat. — Ey, mein Herr, wie oft soll ich ihnen sagen, daß ich sie nicht haben will, und nicht haben kann.

Heartfort. Madame, da sie mir öfters das Gegentheil gesagt haben, so habe ich gehoffet, ich würde wenigstens eine Ursache hören, warum sie mich nicht haben wollen.

C Char-

Charlotte. Ich will ihnen eine Ursache geben — weil ich sie haße.

Heartfort. Ich möchte aber noch eine andere Ursache dieses Haßes wißen, den sie gegen meine heftige Liebe haben.

Charlotte. O, die beste Ursache von der Welt: ich haße alles was lächerlich ist, und es ist nichts lächerlicher als ein Mensch, der würklich verliebt ist.

Heartfort. Mich dünkt, die Dankbarkeit solte dargegen die gröste Gewogenheit für mich bey ihnen erwecken.

Charlotte. Ihre Dienerin, mein süßer Herr — Dankbarkeit! diese setzet eine Verbindlichkeit voraus: und wie soll ich ihnen dafür verbunden seyn, daß sie mich lieben? Ich habe es ja nicht von ihnen verlanget — ich kann nichts dafür, daß sie mich lieben: und wenn man alle, die uns lieben, heyrathen sollte, so würde manche die ganze Stadt heyrathen müßen.

Heartfort. Kann denn mein Schmerz sie so lustig machen, Madame?

Charlotte. Gewiß nicht; denn sie müßen wißen, ich bin ausschweiffend gütig. Ich habe sie ja gewarnet, den Schifbruch zu vermeiden, aber sie haben nicht gewollt.

Heartfort. Geben sie mir meine Vernunft wieder; lösen sie den bezauberten Knoten, womit sie mich gebunden haben: denn so lange sie mich in ihren Ketten halten, ist es grausam, zu verlangen, daß ich mich in Freyheit setzen soll.

Charlotte. Ketten! — warlich verliebt seyn, ist fast so schlimm als auf den Galeeren geschmiedet seyn; und Verliebte, so wie andre Sclaven, verdienen nichts weiter, als etwa unser Mitleiden: nein, sie sind noch verächtlicher — sie sind bloße Würmer. Man giebt tausenden ein Leben durch ein Lächeln, und nimmt es ihnen wieder durch ein finsteres Gesicht. Sollte ein berühmter Arzt den Tod eines jeden Kranken beweinen, und eine berühmte Schönheit den Tod eines jeden Liebhabers; so fürchte ich, beyde würden selten trockne Augen haben.

Heartfort. Hören sie, Madame, hören sie: alle sind nicht so taub gegen die Vernunft, als ich bin; es möchten sich wohl einige finden, die bey ihnen Fehler entdecken, ob gleich ich sie nicht sehen kann — daferne Hochmuth der Schönheit, und ein böses Herz dem Witz das Gleichgewicht halten mag —

Charlotte. Sie sind unzertrennlich. Sie werden keine Schönheit ohne Hochmuth, und keinen Witz ohne einem bösen Herzen antreffen. Aber, Verliebte, wie sie wissen, sehen blos die Vollkommenheiten. Es scheinet der Liebe alles weiß, so wie den Gelbsüchtigen alles gelb.

Heartfort. Diese kalte Unempfindlichkeit ist ärger als Raserey.

Charlotte. Es würde grausam seyn, Oehl ins Feuer zu giessen. Ich wollte gerne ihre Leidenschaft auslöschen, weil dieses das letztemal ist,

ist, daß sie ihre Flammen zeigen kann, ohne meiner Ehre nachtheilig zu werden.

Heartfort. Gewiß, sie werden sich nicht entschlüßen einen Narren zu heyrathen.

Charlotte. Ich kann mich aber entschlüßen, meiner Pflicht gegen meinen Vater nachzukommen, und lieber alles, als meine Wohlfart zu wagen. Kurz, Herr Heartfort, hätten sie meinen Vater bewegen können, vielleicht würden sie mich auch bewogen haben. Ich hätte Gewogenheit genug für sie, meinem Vater zu gehorsamen, aber nicht, ihm ungehorsam zu werden.

Heartfort. War das die Liebe, die sie für einen Mann hatten, der sich und die ganze Welt für sie würde aufgeopfert haben?

Achter Auftritt.

Clarinda, Charlotte, Heartfort.

Clarinda. Ey Charlotte, wie können sie so grausam seyn? der arme Heartfort! ich versichere, ich bedaure sie aufrichtig.

Charlotte. Warlich, Clarinda! ich habe ein Alter erreicht, worinn ich nicht ihres Raths bedarf, wem ich meine Person geben soll; und ich bin eben so wenig geneigt, ihre Meinung darüber zu vernehmen, als sie um meine bekümmert gewesen sind, wie sie sich mit meinem Vater verlobten.

Clarinda. Meine werthe Charlotte! Sie werden niemals Ursache haben, über meine Heyrath so sehr zu klagen, als ich sie beklagen werde, wenn sie diesen Herrn gegen den lächerlichen Mutable zu vertauschen gedenken.

Heartfort. Mein Leben, Madame, ist eine schlechte Vergeltung für so viele Güte.

Charlotte. Meine schöne Braut, wenn ihr künftiger Eheherr zugegen wäre, sie würden ihn eifersichtig machen an seinem Hochzeittag. Außerdem, so ist es ungerecht, daß sie mir es wollen entgelten laßen, daß er den Entschluß gefaßet hat, mich mit dem Herrn Mutable zu verbinden. Sie wißen es bereits, oder sie werden es bald erfahren, wenn sie einige Zeit mit ihm gelebet haben, daß wenn er einmal auf eine Sache verfällt, es unmöglich sey, ihn davon abzubringen.

Neunter Auftritt.

Stedfast, Clarinda, Heartfort, Charlotte.

Stedfast. Heyda! was ist hier zu thun? ich dachte, ich hätte ihnen einmal mein Hauß verboten. Bin ich nicht Herr von meinem eigenen Hause?

Heartfort. Nein, mein Herr, sie werden es niemals seyn, so lange sie zwo so schöne Personen darinnen haben.

Stedfast. Ja, mein Herr, und wenn ich zwo Königinnen darinn hätte, so soll mein Wort ein Gesetz seyn — und ich sage ihnen hiermit, wenn sie sich wieder darinn sehen laßen, so werden Feuerröhre und Constabler sie erwarten.

Clarinda. Ich bitte, mein Herr, suchen sie nicht ihn noch mehr zu kränken; Charlotte hat bereits übel gnug mit ihm verfahren.

Stedfast. Hören sie, mein Schatz, ich muß ihnen eine kleine Warnung an ihrem Hochzeittage geben; — unterfangen sie sich ja nicht mich zu unterbrechen, oder nehmen sie sich nicht so viel heraus, ihr Gutachten über irgend eine Sache zu geben, bis sie gefragt werden — wenn die Natur etwas vergeblich gemacht hat, so ist es die Zunge eines Weibes: die Weiber sind bestimmet, gesehen und nicht gehört zu werden; sie sind blos erschaffen unsre Augen zu vergnügen.

Charlotte. Sie werden sehr glücklich mit einem Manne leben, der so vortheilhafte Meinungen von unserem Geschlechte heget.

Clarinda. Ich werde mich bemühen, durch liebreiche Vorstellungen ihm beßere Gedanken von uns beyzubringen.

Stedfast. Noch eine kleine Erinnerung; wispern sie ja niemals in meiner Gegenwart — Niemand braucht zu wispern, der keine böse Absichten hat; ich faßte in meinem sechzehenten Jahre einen Entschluß gegen das Wispern, und ich habe seit der Zeit niemals gewispert.

Heartfort. Allein, mein Herr, wenn sie einen

nen Entschluß gefaßt hätten, sich zu erhängen; wollten sie wohl, daß andre verbunden wären, ihrem Beyspiel zu folgen?

Stedfast. Ich wollte, daß sie sich zu entschlüssen beliebten, sich fort zu packen, oder ich werde einen Entschluß nehmen, der ihnen nicht gefallen möchte; meine Tochter, wenn du diesem Menschen noch nicht seinen Abschied ertheilet hast, so thue es itzo.

Charlotte. Sie hören, mein Herr, was mein Vater sagt; darum bitte ich sie, uns ungesäumt zu verlaßen, und nie an das Wiederkommen zu gedenken.

Heartfort. Nein, auch kein gewißer Tod soll mich schrecken, ihrem Befehl zu gehorsamen —

Zehenter Auftritt.

Stedfast, Clarinda, Charlotte.

Clarinda. Zu Heartfort im Weggehen. Gehen sie und fahren sie fort in ihren Gesinnungen eines rechtschaffenen Mannes zu beharren.

Stedfast. Gehen sie, und fahren sie fort ein Heuchler zu seyn. Wir werden bald sehen, diesen Menschen auf Ausschweiffungen verfallen, wenn es auch in seinem vierzigsten Jahre wäre. Der Saame der Ausschweiffungen ist in ihm, und zu einer oder der andern Zeit wird er gewiß ausbrechen; Ausschweiffungen sind

sind eine Krankheit des Gebluͤts, womit jede Mannsperson gebohren wird; und je eher sie sich aͤußert, desto beßer ist es.

Charlotte. Allein, mein werther Herr Vater, da ich ihrem Befehl nachgekommen bin, und diesen Liebhaber abgefertiget habe, so hoffe ich, sie werden gleichfalls meiner Bitte willfahren, und meine Verbindung mit einem andern etwas aufschieben.

Stedfast. Darinn sollst du deinen Willen haben — wenn du nur heute verheyrathet wirst, so gilt es mir gleichviel, in welcher Stunde es geschieht.

Charlotte. Wie, mein Herr, noch heute?

Stedfast. Ja, weil ich es beschloßen habe, Madame.

Charlotte. Eines Tages Aufschub wuͤrde keinen großen Unterscheid machen.

Stedfast. Madame, ich habe mich erklaͤret.

Clarinda. Erlauben sie, daß ich fuͤr sie eine Vorbitte einlege, und einen kurzen Aufschub bey ihnen zu erhalten suche.

Stedfast. Ich bin einmal entschloßen.

Charlotte. Erwaͤgen sie, daß meine ganze Gluͤckseeligkeit darauf beruhet.

Stedfast. Wenn die Gluͤckseeligkeit der ganzen Welt darauf beruhet, so wuͤrde ich meinen Entschluß nicht aͤndern.

Ein Diener. Herr, Mr. Mutable ist brunten.

Stedfast. Bitte ihn herauf zu kommen. Gehen sie beyde so lange ab — Tochter sey der
Sache

Sache versichert, und halte dich bereit; ich habe zwar die Stunde der Vermählung noch nicht bestimmet, es wird aber diesen Nachmittag geschehen müßen; denn ich will, daß wir unser Hochzeitmahl zugleich halten.

Eilfter Auftritt.
Stedfast, der alte Mutable.

Stedfast. Herr Mutable, ihr Diener. Wo ist denn der Bräutigam? Er ist ein wenig zu kaltsinnig für einen jungen Freyer: die Braut hat Ursache zurück zu tretten.

Der alte Mutable. Ja, mein Herr, wenn die Braut, oder sie Ursache haben zurück zu tretten, so können wir nichts dagegen.

Stedfast. Ey, es war nur Scherz: sie soll Wort halten;. denn ich habe die Heyrath beschlossen.

Der alte Mutable. Warlich, es thut mir leyd.

Stedfast. Ha leyd — und warum?

Der alte Mutable. Weil sie es wißen wollen, denn was nützet hier eine lange Verstellung — mein Sohn hat sich bereits vorher versprochen.

Stedfast. Wie, vorher versprochen!

Der alte Mutable. Ja, mit einem schönen, jungen, reichen Frauenzimmer, — und was noch mehr ist, mit einem Frauenzimmer vom Stande. Ich versichere ihnen, mein Herr,

Herr, ich wuste nichts davon, wie wir die Heyrath unter uns beschloßen; es thut mir leyd und ich bitte sehr um Verzeihung.

Stedfast. Ist das die Art, mir zu begegnen? da ich so ansehnliche Partheyen um ihres Sohnes wegen ausgeschlagen habe?

Der alte Mutable. Ich habe die Heyrath zwar selbst gesucht — aber wenn die Ehre sich uns in den Schoos werfen will —

Stedfast. Sie mögen die Ehre im Schoos oder in der Taschen haben, so werden sie im geringsten nicht glücklicher dabey seyn Allein welche ist denn diese große Frau vom Stande?

Der alte Mutable. Ich weiß nichts mehr von ihr, als daß sie eines Lords Schwester ist.

Stedfast. Hat sie denn keinen Namen?

Der alte Mutable. Ja, ich glaube, daß sie einen Namen hat, aber den weiß ich noch nicht.

Stedfast. Und wie groß ist denn ihr Vermögen?

Der alte Mutable. Auch das weiß ich noch nicht.

Stedfast. Ihr gehorsamster Diener, mein Herr! ich bewundre ihren Scharfsinn: wenn der Stand der Lady so groß ist wie ihre Weißheit, was für Ehre und Reichthum muß ihnen diese Heyrath bringen! ich bewundre auch ihren Sohn, mein Herr: denn ob es gleich wahrscheinlich ist, daß er bey diesem Tausch nichts gewinnen werde, so sehe ich doch, daß er Geschicklichkeit genug besitzet, seinen Vater zu übertölpeln, und er kan über
sie

ein Lustspiel.

sie lachen, mitlerweile die ganze Welt über ihn lachen wird.

Der alte Mutable. Wie verstehen sie das, mein Herr?

Stedfast. Warten sie nur, bis ihre Frau Schwiegertochter ist heimgeführt worden, sie wird ihnen meine Meinung erklären; ich bin ihnen Bürge davor, sie wird ihnen beydes zubringen — Ehre im Koth vergraben, und Reichthum in der Luft.

Der alte Mutable. Hum, wenn das sich so verhielte — die Vermählung ist noch nicht vollzogen, mein Herr.

Stedfast. Ja, mein Herr, sie sind wohl vermögend sie abzuwenden, — wir sehen.

Ein Diener. Mein Herr, der Herr Notarius ist da mit dem Ehecontract.

Stedfast. Sage ihm, daß er denselben zerreiße, und sich darauf erhänge, wenn es ihm beliebt.

Der alte Mutable. Halten sie doch, mein Herr; ich bin in der Sache noch nicht entschloßen.

Stedfast. So, wie in keiner einzigen: aber ich bin es, und sie müßen diesen Augenblick allen Anspruch entweder auf die eine oder auf die andere Parthey fahren laßen.

Der alte Mutable. Ich will also bey dem gewißen bleiben. Laßen sie den Notarius herauf kommen, mein Herr, und verzeihen sie mir das Vergangene.

Stedfast. Ey, mein Herr, mehr meinetwegen,

gen, als ihnen zu gefallen; denn wenn ich nicht diese Heyrath einmal beschloßen hätte, möchte ich vielleicht andre Maßregeln nehmen.

Zwölfter Auftritt.
Der alte Mutable, Stedfast, Prig.

Der alte Mutable. Kommen sie, mein Herr, ich bin bereit zu unterschreiben.

Stedfast. Wo ist Mr. Squeezepuse, ihr Herr?

Prig. Mein Herr, er ist anderweit beschäftiget, und konnte nicht zu ihnen kommen; ich kann aber das verrichten.

Stedfast. Ich muß dieses am besten beurtheilen können — ich habe beschloßen, nichts zu unterzeichnen, als in Gegenwart ihres Herrn.

Prig. Es ist dasselbe; ich versichere ihnen — die Schriften sind völlig abgefaßt, und ein jeder Zeuge kann das verrichten, was mein Herr.

Stedfast. Ihr Herr ist ein nachläßiger Monsieur, und führet sich auf eine zweyfache Art schlecht gegen mich auf: einmal, daß er nicht selbst erscheinet, und denn, daß er mir einen so unverschämten Menschen schickt, der sich untersteht mit mir zu zanken.

Der alte Mutable. Ich glaube, mein Herr, wir können es thun.

Sted-

Stedfaſt. Entſchuldigen ſie mich, mein Herr; ich werde meinen Entſchluß nicht ändern — kehren ſie demnach zu ihrem Herrn zurück, und ſagen ſie ihm, daß er unverzüglich zu mir komme, denn ich werde ohne ihn nicht zeichnen; das habe ich beſchloßen.

Der alte Mutable. Mitlerweile will ich gehen, und meinen Sohn herbey ruffen, damit keine neue Hindernuß uns aufhalten möge.

Ein Diener. Mein Herr, der Schneider hat wißen laßen, daß er vor Morgen früh die neue Liverey nicht fertig ſchaffen kann.

Stedfaſt. Gehe, Monſieur! und mache dem Schneider meine Empfehlung, mit dem Bedeuten, daß er ſie ſende, ſie mag halb gemacht, oder nicht gemacht ſeyn; denn ich habe beſchloßen, daß ſie heute ſoll angethan werden, wenn ſie auch wie ein Sack über die Schultern hängen ſollte, und meine Bedienten ausſehen würden, wie das Gefolg des Maroccaniſchen Geſandten.

Dritte

Dritte Handlung.

Erster Auftritt.

Der Ort ist die Gaße, Heartfort, Millamour, der junge Mutable.

Heartfort.

Ob ich gleich glaube, daß mein Unglück unwiedertreiblich ist, so bin ich ihnen doch unendlich verbunden, mein werther Millamour, für ihre angewendete Bemühungen.

Mutable. Und mir auch vermuthlich — beym Henker, ich habe Gefahr gelauffen, ihrentwegen enterbet zu werden; was die Frau betrift, so ist der Verlust nicht groß; wenn ich nur eine wahre Ersetzung für den Brautschatz hätte.

Millamour. Sie müßen bekennen, Heartfort, daß sie ihm vielen Dank schuldig sind; er hat gethan, was in seinem Vermögen war.

Heartfort. Ich danke ihm; und zur Vergeltung Mutable, will ich ihnen eine nützliche Erinnerung geben. Laßen sie die lächerliche Aufschneiderey fahren, von ihrem Umgang mit vornehmen Standespersonen, die sie niemals gesehen haben; aus zweyerley Ursachen: einmal weil es niemand glaubet; und denn wenn ihnen auch geglaubet würde, sollte man deswegen wohl größere Hochachtung für sie haben?

da offt die grösten Narren und liederlichsten Leute gleiche Ehre genießen.

Mutable. Ha, ha, ha, das ist sehr lustig, sehr scherzhaft. Warlich, Millamour, wenn ich wüste, daß Heartfort die besten Gesellschaften hätte, so würde ich auf die Gedanken gerathen, daß er neidisch auf mich sey.

Millamour. Ich glaube vielmehr, daß er auf einen andern Abweg gerathen sey, und eine Ehre in dem Gegentheil suche; denn ich habe ihn neulich auf einem öffentlichen Spaziergange mit einen Menschen gehen sehen, der beschmutzte Wäsche, und eine ungepuderte Perucke trug.

Mutable. Er hat gewiß zwo sich sehr ausnehmende Eigenschaften gewählet, an solchem Ort mit zu erscheinen.

Heartfort. Aber zum Glück hatte der Mann worauf er zielet, zwo andere Eigenschaften, die man sehr selten daselbst, oder sonst irgend wo antrift. —

Mutable. Und welche waren die?

Heartfort. Tugend und Vernunft.

Mutable. Ha, ha, ha, Tugend und Vernunft, schmutzige Wäsche, kein Puder — vier Vollkommenheiten, bey welchen ein Philosoph der alten Zeiten mit Vergnügen würde gelebet haben.

Millamour. Und bey welchen ein Philosoph der jüngern Zeiten für Hunger sterben würde — doch still. — Erinnern sie sich wo wir uns befinden.

Zweyter Auftritt.

Der alte Mutable, der junge Mutable, Millamour, Heartfort.

Millamour. So, mein Herr, sie sind nicht zögernd in ihren Geschäften; und jetzt bin ich gleichfalls bereit mit ihnen zu gehen.

Der alte Mutable. Ich trage Bedenken, Ew. Herrlichkeit ferner zu bemühen; denn ich finde, Mylord, daß die Sache schon so weit gekommen ist, daß sie nicht kann hintertrieben werden. Ich danke also Ew. Herrlichkeit für die Ehre, die sie mir zugedacht haben; allein der junge Mensch muß seine vorige Braut heyrathen.

Heartfort. (Für sich.) Ha!

Millamour. Was ist dieses, mein Herr?

Der alte Mutable. Kurz, Mylord, ich habe so viel Hochachtung für Stand und Würden, als jemand, allein es sind noch andre Dinge in Betrachtung zu ziehen: der Stand, Mylord, ist eine fürtrefliche Sache, allein man bezahlet damit seine Schulden nicht.

Der junge Mutable. In Warheit, Herr Vater, sie irren sich, denn hier können sie bezahlt werden.

Millamour. Ich gedachte nichts weniger, als daß dieser Umstand meiner Schwester solche Beschimpfung würde zugezogen haben, — sie sollen der letzte von bürgerlichen Stande seyn,

denn

dem ich sie anbieten werde; — vielleicht wird ihnen ihre Weigerung gereuen.

Der junge Mutable. Belieben sie zu erwägen, Herr Vater, daß es um ihres Sohnes Glückseeligkeit, Größe und Wohlstand jetzt zu thun ist.

Millamour. Da die Sache jetzt vorbey ist, so kann ich ihnen sagen, mein Herr, daß meine Schwester nicht allein ein noch ansehnlicheres Vermögen, als die Jungfer Stedfast zu gewarten hatte; sondern daß auch ich entschlossen war, weil ich mich nicht zu vermählen gedenke, ihrem Sohne meine eigene Güter und Titel zuzuwenden.

Der alte Mutable. Wie, sollte ich noch gesehen haben, daß mein Sohn ein Lord geworden wäre? sollte ein Lord mich noch Vater genennt haben? und sollte ich noch eine Reihe junger Lords und Ladis, als meine Enkel umarmet haben? Sollte dieser alte wilde verdorrte Baum noch erlebet haben, daß eine so schöne Frucht aus seinen Zweigen hervorsprossen würde? O mein theurer Lord, ich bitte ihnen auf den Knien um Verzeihung — vergeben sie einem alten Mann eine thörichte Vorsichtigkeit.

Millamour. Meine Ehre, meine Ehre erlaubet es nicht. —

Der alte Mutable. O, mein werther gütiger Lord, laßen sie doch das Mitleiden ihre Ehre erweichen, mir zu verzeihen.

D　　　　Heart-

Heartfort. Mein Herr, laßen sie mir eine Vorbitte für sie einlegen.

Der alte Mutable. Wenn ihre Ehre ein Opfer haben soll, so laßen sie mein Vergehen durch meine eigene Bestraffung es zahlen. Tretten sie mich mit Füßen, Mylord, machen sie mit mir, was ihnen gefällt: aber sperren sie meinem Sohn nicht den Weg zu seiner Glückseligkeit.

Millamour. Auch die zärtlichste Ehre darf nicht unerbittlich seyn; ich werde mich also daran begnügen, ihnen eine mäßige Straffe aufzulegen: da ich sonst willens war, das Vermögen meiner Schwester vor der Vermählung auszuzahlen, so will ich es jetzt erst nachher thun.

Der alte Mutable. Wenn es Ew. Herrlichlichkeit gefallen wird; ich will dem Herrn Stebfast rund heraus den Kauf aufsagen, und sogleich wieder hier seyn. Mein Sohn erwarte mich hier, mich zu Mylords Wohnung zu begleiten. Mylord, ich bin ihr unterthäniger Diener. (Geht ab.)

Millamour. Dies gelung nach Wunsch. Ich denke, ich will selbst derjenige seyn, der sie zusammen giebt; und sie zum Scherz verheyrathen.

Der junge Mutable. Aber ich werde den Ehemann nicht vorstellen; ich danke ihnen.

Millamour. Ey doch nur zum Spaß.

Der junge Mutable. Hum, ich glaube, das Heyrathen ist kein Spaß.

Milla-

Millamour. Ich hingegen glaube, es sey das gröſte Spielwerk in der ganzen Natur. Heartfort, wenn der Alte wiederkommt, müßen ſie ihn nach ihrem Hauſe führen, welches des Lords Truelaves Wohnung ſeyn ſoll; dahin will ich ungeſäumt das Frauenzimmer bringen. Aber vergeßen ſie nicht, ihre Bedienten zu unterrichten, daß ihr Name Truelave iſt.

Heartfort. Wann ich bey ihnen bleiben ſoll, Mutable, ſo bitte ich mir aus, daß ſie mir keine Lords aufführen; ich will ihnen nicht einmal einen Baronet zugeſtehen; ja ſogar keinen ächten Sir, wenn er auch gleich nur vor acht Tagen wäre geadelt worden, und noch nicht einmal ſeinen Adelsbrief eingelöſet hätte.

Der junge Mutable. Gut, gut, ich will ihnen zu Willen ſeyn, ob ich gleich für ihren eignen Dienſt arbeite.

Dritter Auftritt.

Charlotte, in einer Masque.

Ich bin glücklich aus meines Vaters Hauſe entwiſchet, — aber jetzt weiß ich nicht, was ich mache, oder wo ich mich hinbegebe; kehre ich zurück, ſo kenne ich ſeinen Eigenſinn gar zu wohl, daß ich hoffen ſollte, dieſe Heyrath, worauf er einmal verfallen iſt, hintertreiben zu können; thue ich es aber nicht, ſo fürchte ich ſchlimme Folgen. Geſetzt auch, ich träffe Millamour an, und entdeckte ihm meine Liebe, —

Nein,

Nein, ich will eher sterben — wenn Heartfort jetzt zugegen wäre, so glaube ich, ich würde ihn nicht länger ausschlagen — Ach!

Vierter Auftritt.
Millamour, Charlotte.

Millamour. Verwünscht sey meine Uebereilung, daß ich die Plotwel diesen Morgen so abgefertiget habe; es wird mir jetzt unmöglich seyn, die Lucina ausfündig zu machen. Ich muß was anders aussinnen. — Ha, was schicket uns hier das Glück zu? ein Frauenzimmer in einer Masque — ich glaube, sie thut es, ihre Blattergruben, oder eine andere Häßlichkeit zu verbergen, — allein es sey darum; sie soll doch heute ein Frauenzimmer vom Stande vorstellen. Ich will sie anreden, und wenn ich mich nicht irre, so erwartet sie es; wenigstens drohet sie nicht zu entfliehen; Madame, ihr gehorsamster Diener; ich schließe aus ihrem ganzen Wesen, daß ihre Masque ihnen einen Vortheil über mich giebt, und daß ich die Ehre habe ihnen bekandt zu seyn.

Charlotte. Sie können versichert seyn, mein Herr, wenn ich es für gut befinde, mein Gesicht zu verdecken, daß es zu meinem Vortheil geschiehet, — und ich finde, es würde gleichfalls zu ihrem Vortheil seyn, wenn sie belieben wollten, eine Masque anzulegen.

Millamour. Ich nehme es ihnen gar nicht übel,

übel, daß sie mein Gesicht so beschimpfen, da sie kein Bedenken tragen, ihr eignes zu beschimpfen, indem sie es bedecken — doch ich glaube, daß ihnen beydes kein Ernst ist. Denn ich kann an ihnen merken, daß ich ihnen gefalle, und ich bin zugleich versichert, daß sie sich auch vollkommen selbst gefallen.

Charlotte. In Wahrheit, wenn Herr Millamour, von dem erstern so sehr überzeugt ist, so kann ich ohne Verletzung meiner Bescheidenheit gar gerne das letztere zugeben.

Millamour. Hum! und sie weiß meinen Namen —

Charlotte. Ich hoffe, es wird ihnen keine schlechte Meynung von sich selbst beybringen, daß ich sie kenne.

Millamour. Nein, meine Schöne, und auch kein schlechterer von ihnen, ich versichere ihnen. Hören sie, ich merke, sie sind eine Bekandte von mir, und weil ich diesen allezeit mit Vergnügen diene, so will ich auch jetzt ihr Glück machen.

Charlotte. Hieraus schließe ich, daß sie mich nicht für eine Bekandte halten: denn wenn dieses wäre, so müsten sie wißen, daß es nicht in ihrem Vermögen stehe.

Millamour. Warlich, Madame. Ich besitze nicht so viele Reichthümer, als ich gerne dem schönen Geschlecht mittheilen wollte, wenn ich sie hätte. Aber im gegenwärtigen Fall bin ich nicht die Haubtperson, sondern nur ein Unterhändler.

Charlotte. Gut, mein Herr.

Millamour. Und wenn sie nur eine halbe Stunde ein Frauenzimmer vom Stande vorstellen können, so glaube ich es dahin zu bringen, daß es bey ihnen stehen wird, in ihrem ganzen Leben eine zu seyn.

Charlotte. Wie, haben sie einen Mann vom Stande zu vergeben?

Millamour. Nein, aber ich habe das zu vergeben, was viele Männer vom Stande sich wünschen möchten; ich habe ein großes Vermögen zu ihren Diensten, und zugleich das dabey, deßen sich manches Frauenzimmer vom Stande bedienet.

Charlotte. Und was ist denn das?

Millamour. Einen Narren.

Charlotte. O, sie werden schon Abgang finden, aber ich und sie, werden keinen Handel treffen, denn wir haben einerley Waare.

Millamour. Aber meiner ist ein Narr, männlichen Geschlechts.

Charlotte. Und meiner gleichfalls, laßt uns also diesen Handel aufheben; denn ich will ihn verschenken, an einen jeden, der ihn haben will. Aber an dem Vermögen ist mir mehr gelegen. Kennen sie Niemand, bey dem ich zehn tausend Pfund sicher niederlegen können?

Millamour. Nein, scherzen sie nicht — wenn sie mir folgen wollen, und ihre Person wohl spielen, so sollen sie innerhalb zwo Stunden viermahl so viel erhalten. Sie sollen einen Mann

Mann bekommen, der die zwo unschätzbaren Eigenschaften hat, er ist reich, und ein Narr.

Charlotte. Und wie nennet er sich?

Millamour. Was ist ihnen an dem Namen gelegen? Wollen sie einen reichen Narren zum Mann haben oder nicht? (Für sich.) Es muß ein gemeines dummes Mensch seyn, weil sie sich so lange dabey bedenket.

Charlotte. Nein, mein Herr, mir mangelt kein Reichthum, und ich haße einen Narren.

Millamour. So bin ich ihr Diener; ich muß jemand auffuchen die es will. Wenn ich nur Zeit genug hätte, so würde ich auch Personen vom Stande finden, die mit Vergnügen den Herrn Mutable heyratheten.

Charlotte. Ha, warten sie, mein Herr! (dieses mag vielleicht ein glücklicher Zufall seyn, oder wenigstens wird er lustig werden.) Wenn ich gewußt hätte, daß es Herr Mutable wäre. —

Millamour. Herr Mutable ist es.

Charlotte. O, Himmel, da ist mein Vater. Ich werde erkannt werden.

Millamour. Kommen Sie, Madame, wir haben keine Zeit zu verliehren. Begeben sie sich mit mir nach meiner Wohnung, und empfangen ihre Instruction.

Charlotte. Mein Herr, ich habe eine so gute Meinung von ihrer Ehre, daß ich mich ihnen anvertrauen will.

Millamour. Meine Ehre ist ihrem Vertrauen sehr verbunden, schöne Madame.

Fünf-

Fünfter Auftritt.

Stedfast, der alte Mutable.

Stedfast Verzeihen, ja! man könnte eben so leicht aus der jetzigen Stellung eines Wetterhahns bestimmen, wie er morgen stehen werde, als aus ihren gegenwärtigen Gesinnungen schließen, was sie um eine Stunde wollen. Eine Windmühle, und eines Frauenzimmers Herz, sind so unbeweglich wie Felsen, in Vergleichung ihrer.

Mutable. Ich gestehe, ich ließ mich überreden: aber verzeihen sie mir nur noch diesesmal, und ich will in dem Augenblick meinen Sohn herbey hohlen, und die Sache zum Schluß bringen.

Stedfast. Hum, Hum!

Mutable. Kommen sie nur, sie können es mir doch nicht verdenken; denn wer wollte nicht gerne seinen Sohn mit einer Person vom Stande verheyrathet sehen?

Stedfast. Wer wollte nicht? Ich wollte es nicht, mein Herr. Wenn ich meine Tochter einmal an einen Krämer versprochen hätte, so würde ich meinen Entschluß nicht ändern, wenn sie auch eine Gemahlin des Königs werden könnte.

Mutable. Alle Leute sind nicht so beständig in ihren Entschlüßen, als sie Herr Stedfast.

Stedfast. Desto größer ist ihre Schande. Ich bin nun funfzig Jahr alt, und habe noch niemals

niemals in meinem Leben einen gefaßten Entschluß geändert.

Mutable. Das verhüte Gott! ich bin bereits etliche Jahre älter, und habe noch niemals einen festen Entschluß gefaßet.

Stedfast. Das mag seyn, mein Herr. Ich sehe ihren Sohn kommen; ich will meiner Tochter davon Nachricht geben; aber erwägen sie, was ich gesagt habe. Faßen sie einen Entschluß. Wenn sie noch einmal zurück tretten, ehe die Heyrath vollzogen ist, so sollen sie niemals verheyrathet werden; das ist mein Entschluß.
(Geht ab.)

Mutable. Für sich. Das ist ein eigensinniger Mann. Wie ein vollkommner willkührlich herrschender Prinz würde nicht aus ihm geworden seyn; ich bin Bürge dafür, er würde eher zwey bis drey tausend seiner Unterthanen die Köpfe haben herunter schlagen laßen, als sein Wort brechen. Ich muß ihn nicht mehr verdrüßlich machen.

Sechster Auftritt.

Der alte Mutable, der junge Mutable, Heartfort.

Der alte Mutable. Komm, mein Sohn, du mußt mit mir gehen: Herr Stedfast und ich sind endlich einstimmig geworden.

Der junge Mutable. Und sie wollen dem Lord ihr Wort nicht halten?

Der alte Mutable. Sage mir nichts mehr von dem Lord; denn ich habe entschloßen, dich unverzüglich verheyrathet zu sehen; und verheyrathet sollst du werden.

Heartfort. Welche Verwirrung.

Der junge Mutable. Mein werther HerrVater!

Der alte Mutable. Ich sage dir, ich habe einen Entschluß gefaßt: so folge mir, daferne du meinen Segen haben willst.

Der junge Mutable. Heartfort, um des Himmels willen, suchen sie ihn abzuhalten.

Heartfort. Ich will ihn abhalten, wenn es auch mein Leben kosten sollte.

Siebender Auftritt.

Der Ort ist Stedfasts Hauß. Clarinda, Fr. Useful.

Clarinda. Wie? ich sollte diesen Leichtsinnigen noch einmal sehen, ja ich sollte ihn selbst besuchen? darzu werde ich mich nie entschlüßen.

Fr. Useful. So wollen sie denn, daß dieser artige junge Mensch zu seinen Vätern fahren soll.

Clarinda. Sagen sie diesem grausamen Menschen, so nichtswürdig er auch ist, so hätte ich mich doch seinetwegen zu allem entschließen wollen, außer zu meiner Unehre; sagen sie ihm, er habe mich zu dem verzweifelten Entschluß gebracht, den ich gefaßet habe; denn, ihm zu meiden, war der erste Bewegungsgrund zu meiner Heyrath; und sagen sie ihm noch, daß in der Stunde, da ich dem Herrn Stedfast meine Hand zusagte, ich zugleich fest beschloßen habe, ihn niemals mehr zu sehen.

Fr. Useful. Es ist mir nicht möglich das zu thun. Sie mögen einen andern Bothen senden; ich will keinen Antheil an seinem Tode nehmen, ich habe jederzeit einen Abscheu gegen den Mord gehabt. Du armer hübscher junger Mensch! gehen sie, sie sind eine grausame Creatur — wenn sie gesehen hätten, wie er seufzete, und ächtzete, und wehklagte, und ihren Brief küßete, und sie bey dem zärtlichsten Namen nennte; dann, das Papier mit einem Guß von Thränen benetzte, dann es wiederum küßte, und schwur, er habe seine Seele mit ihnen verlohren. — O! es würde Felsen erweichet haben, wenn sie es hätten sehen können.

Clarinda. Warum quälen sie mich aufs neue so vergeblich?

Fr. Useful. Es ist ihre eigne Schuld, wenn es vergeblich ist.

Clarinda. Was kann ich jetzt weiter thun?

Fr. Useful. Was sie thun können? Einen andern Entschluß faßen, noch ist es Zeit darzu.

Clarinda. Und sie können so reden? Haben sie selbst mir nicht den Rath gegeben, den Herrn Stedfast zu heyrathen?

Fr. Useful. Ja, ihres Vortheils halben, rieth ich ihnen dieß. Sie haben kein Vermögen, Millamour ist an allen Orten schuldig; was sollte

sollte also aus ihrer Liebe werden; zudem wollte ja Millamour nie von einer Heyrath etwas hören. Jetzt aber, glaube ich, fängt er an, auf andre Gedanken zu kommen. Da ihm die Gefahr, sie zu verliehren, so nahe vor den Augen schwebt, so wird er gewiß zu allem ja sagen, wann sie nur zu ihm gehen, und selbst mit ihm reden wollen.

Clarinda. Ich, zu ihm gehen? Nein, daran darf ich nicht gedenken.

Fr. Useful. So thun sie es denn, ohne daran zu gedenken, — verstatten sie, daß der arme Mensch die Erhaltung seines Lebens meinen Bemühungen schuldig sey.

Clarinda. O! er hat einen weit mächtigern Fürsprecher in mir selbst.

Fr. Useful. Gut — ich fliege zu ihm mit dieser erfreulichen Nachricht.

Clarinda. Warten sie — ich kann mich nicht entschließen.

Fr. Useful. Dieses ist genug; ein Frauenzimmer, das sich nicht gegen ihren Liebhaber entschließen kann, entschließet sich gewiß für ihn.

Clarinda. Es sey dann: ich will ihn noch einmal sprechen. Vielleicht besiege ich die starke Abneigung, die er vor dem Ehestande hat. Wie glücklich könnte er seyn, wenn diese meine Hofnung erfüllt würde! schlägt sie aber fehl, so will ich noch zu meinem Verderben einen Blick von seinen Augen empfangen, und alsdann auf ewig von ihm Abschied nehmen.

(Gehen ab.)
Achter

Achter Auftritt.

Stedfast, mit seinen Bedienten.

Stedfast. Ist alles in Ordnung gebracht? Haben alle Bedienten die neue Livrey angeleget?

Ein Laquey. Ja, Herr, sie haben sie alle angelegt, so wie es sich hat thun laßen; der eine hat keine Taschen, der andere hat keine Aufschläge; John, der Kutscher, will seine durchaus nicht tragen.

Stedfast. So sage John dem Kutscher, daß er sich aus dem Hause packe: ich will meinen Leuten zeigen, daß sie sollen gekleidet seyn, wie es mir gefällt, und nicht nach ihrem Gutdünken.

Der Koch. Herr, es ist unmöglich, daß das Abendeßen um neun Uhr fertig seyn kann.

Stedfast. So trage man es roh auf: wenn das Eßen nicht um neun Uhr fertig ist, so sollst du um zehen Uhr nicht mehr im Hause seyn, — und was hast du zu sagen? wird denn der Wein auch nicht fertig seyn können?

Der Kellner. Nein, er kann nicht. Ew. Gnaden haben aus Versehen einen Eimer gemerket, der kaum ein halb Jahr alt ist.

Stedfast. Soll ich deinen Geschmack, oder meinen eignen zu Rathe ziehen? Soll ich dir von meinem Vornehmen Rechenschaft geben? Ich sage dir, der junge Wein schicket sich am besten für eine Hochzeit. Darum gehe deinen

Weg, auch beunruhige mich nicht mehr mit abgeschmackten Einwendungen.

Neunter Auftritt.
Stedfast, Squeezepurse.

Stedfast. Mr. Squeezepurse, sie sind mir sehr willkommen: meine Bedienten machen mir so viel Verdruß.

Squeezepurse. Die Gesetze sind zu gelinde — zu gelinde, für die Bedienten.

Stedfast. Freylich, aber haben sie den Ehecontract mitgebracht?

Squeezepurse. Derselbe ist völlig fertig; es fehlet nichts, als die Unterzeichnung der Partheyen. Die Verbindung ist so stark, als man sie mit Worten ausdrücken kann; ich bin nicht spahrsam damit gewesen.

Stedfast. Ich erwarte diesen Augenblick den Herrn Mutable und seinen Sohn, und hoffe, daß durch ihre und des Priesters Beyhülfe, in einer Stunde alles werde zu Stande gebracht seyn.

Ein Diener. Bringt einen Brief. Herr, hier ist ein Brief an Ew. Gnaden.

Stedfast. Herr Squeezepurse, sie werden mich entschuldigen. (Er liest:) „Mein Herr, „ich bin endlich völlig entschloßen, meinen „Sohn mit des Lords Schwester zu verheyra„then, und bitte demnach, daß alles, was un„ter uns ist abgeredet worden, möge aufgeho„ben

„ben werden. Ich habe mich geschämet, selbst
„ihnen diese Nachricht zu überbringen, und es
„demnach lieber schriftlich thun wollen. Ihr
„gehorsamer Diener.„
                                        Th. Mutable.
Geschämet! ja wohl, du hast Ursache dich zu
schämen.

Squeezepurse. Ist etwas wichtiges von der
andern Parthey eingegangen?

Stedfast. Tod und Teufel! ruffe meine Braut
herbey; sie war ein Zeuge bey dieser Verbindung; er soll mit mir vor den Richter.

Squeezepurse. Das Recht ist allen offen,
die sich beleidiget finden, und der beste Weg,
sich Genugthuung zu verschaffen.

Der Laquey. Ihre Braut, Herr, ist ausgegangen.

Stedfast. Wie, ausgegangen! meine Braut
ausgelauffen! an ihrem Hochzeittage! wo ist
sie hin?

Der Laquey. Ich weiß es nicht, Herr.

Squeezepurse. Ich sahe sie in ein Hauß, in
der nebengelegenen Gaße, eingehen, wie ich mich
hieher begab.

Stedfast. Mein lieber Herr Squeezepurse, zeigen sie mir dieses Hauß, ich will sie heimführen;
sie sollen es sehen. Man möchte Lust bekommen,
sich zu diesen Zeiten zu verheyrathen, da die
Weibsbilder nicht einmal an ihrem Hochzeittage
daheim bleiben können.

Vierte Handlung.

Erster Auftritt.

Millamours Wohnung, Brazen allein, mit einem Comödienbuche in der Hand.

Ich kann mich noch nicht in dem Urtheil der Stadt über die letzte Comödie finden. Sie ist zu leicht für meinen Geschmack: ich möchte ein recht schönes Stuck mit ausgesuchten welschen Arien hören. Der Henker hohle den Geschmack meiner Cameraden; ich kenne kaum fünfe in der Stadt, die davon urtheilen können: die Schlüngel haben keine Ohren, keinen Verstand. Ich möchte lieber eine Parthey Landjunker fragen, was ihnen gefalle. Ich erinnere mich der Zeiten, da wir nicht würden zugegeben haben, daß dergleichen Zeug durchgienge. Ach fürtrefliches Caro — (er singt.)

Zweyter Auftritt.

Millamour, Charlotte.

Millamour. Heyda, Herr Musicus, ich bitte, kommen sie herunter.

Brazen. Ja, Herr! (Er singt den Ton zu Ende und gehet ab.)

Char.

Charlotte. In der That, mein Herr, sie haben einen recht feinen Diener.

Millamour. Allerdings, Madame! allein, wohlan meine Schöne, sie sind jetzt an einem Ort, wo sie nichts mehr zu befürchten haben, und bedürfen ihrer Masque nicht länger.

Charlotte. Nein, mein Herr! ehe ich mehr von mir entdecke, wird nöthig seyn, Ihnen einige Irrthümer zu benehmen, die sie in Ansehung meiner Person hegen mögen; zuerst müssen sie also wissen, daß ich kein Frauenzimmer aus dem Pöbel bin. Und was ihnen vielleicht befremden wird, von einer sehr guten Familie, und von grossem Vermögen.

Millamour. Ey, das würde mir allerdings befremden. Allein, legen sie die Masque ab, sonst werden sie mich zu einer Gewaltthätigkeit nöthigen, die ich gerne vermeiden möchte.

Charlotte. Sie versprachen mir die Schranken der Ehrbarkeit nicht zu überschreiten, ehe ich mich hieher begab, und ich versichere ihnen, ich bin ein Frauenzimmer vom Stand.

Millamour. Es ist vergeblich, daß sie sich weigern; darum meine werthe künstliche Mohrin, entdecken sie sich.

Charlotte. Nein, mein Herr! hören sie zuerst meine Geschichte.

Millamour. Nein, ich muß zuerst die Person kennen.

Charlotte. Sie müssen wissen, mein Herr, ich bin ein Frauenzimmer, das durchaus ihre Ehre liebet.

Millamour. Ihre Geschichte hat einen sehr kläglichen Anfang.

Charlotte. Und zwar bey den unglücklichsten Umständen von der Welt; denn ich soll heute einen Mann heyrathen, den ich nicht ertragen kann. Wenn Herr Millamour ein Mittel ausfündig machen könnte, mich aus den Händen dieses gehässigen Menschen zu retten, so wüste ich nicht, wie weit meine Dankbarkeit gehen würde. Ich verzeihe ihnen den Verdacht, den sie von mir hegen, weil die Umstände, worinnen sie mich antreffen, denselben gnugsam rechtfertigen können; allein, ich versichere ihnen, dieser Zufall ist der einzige, der meinem guten Namen nachtheilig seyn kann; ich bin die einzige Tochter eines alten reichen Mannes, und kann einen Mann glücklich machen.

Millamour. Einen Mann! ach!

Charlotte. Ja! einen Mann. Mich dünkt, einem Herrn, der so reich ist, wie Mr. Millamour, sollte hierbey der Mund wäßrich werden? indessen glaube ich nicht, daß sie auf die Gedanken gerathen, es sey meine Absicht sie darzu zu machen. Denn wer einen solchen Liebhaber von Profession zum Ehemann verlangt, muß die Einwilligung meines ganzen Geschlechts darzu haben.

Millamour. Wer Teufel mag sie doch seyn!

Charlotte. Sie würden eine sehr gute Meinung von sich haben müssen, wenn sie denselben Morgen, da sie den Armen einer dürftigen Geliebten glücklich entwischet sind, eine andere finden sol-

sollten, mit zwanzig tausend Pfund in dem Beutel.

Millamour. Sie weiß alle Umstände — (für sich) Wer weiß, was das Glück mir zugeführet hat? wer weiß, was meine schöne Person angerichtet hat?

Charlotte. Warum betrachten sie sich so, mein Herr?

Millamour. Ich betrachte mich, Madame, um die gute Eigenschaft an mir zu entdecken, die mir diese Eroberung gemacht hat.

Charlotte. Ach! es ist deren eine Menge, mein Herr.

Millamour. Meine werthe Madame!

Charlotte. Denn sie müssen wissen, mein Herr, ich bin entschlossen, niemals zu heyrathen, biß ich einen Mann gefunden habe, der in meinen Augen keinen einzigen Fehler hat, und in den Augen andrer keine einzige gute Eigenschaft. Was mich betrift, so halte ich die Schönheit bey einer Mannsperson für ein Zeichen der Weichlichkeit; die Mäßigkeit für einen Mangel der Lebhaftigkeit; Ernsthaftigkeit für einen Mangel des Witzes; und Beständigkeit für einen Mangel vorzüglicher Reitzungen.

Millamour. Dem zu Folge muß derjenige, der in ihren Augen keinen Fehler hat, in der That seyn, ein Fratzengesicht, ein Schwelger, ein Windbeutel, ein Unverschämter —

Charlotte. Und alle diese Vollkommenheiten finde ich auf eine angenehme Art bey ihnen vermischt, mein süsser Herr.

E 2   Mil-

Millamour. Ihr ganz gehorsamer Diener, Madame!

Charlotte. Sie sind also der Held, den ich zur Ausführung meiner Unternehmung gewählet habe, wobey mir nur ein Weg offen ist: ich muß mich einer Gefahr aussetzen, um eine andre zu vermeiden; um vorzubeugen, daß ein Mann nicht das Hauß in Besitz nehme, muß ich einen andern hinein führen. Solchergestalt mein Herr, wenn sie vermögend sind, ein so blindes Vertrauen zu meinem Vermögen zu fassen, als sie zu meiner Schönheit bereits gefasset haben, so ist der Handel geschlossen. (sie zieht die Masque ab.) Sie werden leicht meine Verwirrung abnehmen können; ich wünsche nur, daß sie diese meine Erklärung einzig und allein meinem Abscheu beymessen möchten, einen Mann zu heyrathen, der mir weniger gefällt, als sie.

Millamour. Ich bin ihnen unendlich verbunden. Allein —

Charlotte. Allein — sie tragen Bedenken, mein Herr!

Millamour. Das Anerbiethen einer so grossen Schönheit, und eines so grossen Vermögens, würde kein Bedenken verstatten, wenn nicht der Umstand dabey wäre, daß ich einen Freund beleidigen müste. Erwägen sie, Madame! ob sie niemand kennen, der mehr Recht darzu habe, als ich; wie glücklich würde nicht Heartfort seyn, wenn ihm die Erklärung gethan würde, die sie gegen mich verschwendet haben.

Charlotte. Ja, ich finde, daß ich sie verschwendet

det habe — Ha, man schlägt mich aus! ich fange an ihn zu haffen, und ich verachte mich selbst.

Millamour. Bey meiner Seele, es ist ein hübsches Mädchen; allein, kann ich mich wohl entschliessen, meinen Freund zu hintergehen? der T — hohle mich, wenn sie nicht recht reizend ist; allein — er ist mein Freund — allein sie hat zwanzig tausend Pfund — allein ich müste ein Bösewicht seyn, wenn ich an sie gedenken wollte, und so viele Millionen würden mir dafür keine Erstattung seyn.

Dritter Auftritt.

Millamour, Charlotte, Brazen.

Brazen. Herr, es ist ein Frauenzimmer da.

Millamour. Verflucht, ein Frauenzimmer — du Narr und Tölpel, wie oft soll ich dir sagen, daß ich nicht mehr als ein Frauenzimmer zu einer Zeit sehen mag.

Brazen. Herr! sie würden mich aufgehangen haben, wenn ich sie für Madame Clarinda verläugnet hätte.

Millamour. Clarinda! o entzückender Name! — darf ich sie ersuchen, daß sie übler Nachrede zu vermeiden in dieses Cabinet treten, biß ich mich des verdrießlichen Besuchs einer Anverwandtin entlediget habe.

Charlotte. Sperren sie mich ein, wo sie wollen, und setzen mich in Sicherheit gegen die Verläumläumdung einer weiblichen Zunge. — Wenn ich doch nur diesesmal mich glücklich aus der Gefahr ziehen möchte; ich würde niemals vergleichen Ausschweifung mehr vornehmen.

Millamour. (Er schließt sie ein.) Hier Madame — Nun werde ich suchen dem Heartfort Nachricht zu geben, daß sie hier ist. Welches Vergnügen für mich, daß ich meine werthe Clarinda bey mir sehe, und zu gleicher Zeit die Hoffnung haben kann, meinem Freunde zu dienen.

Vierter Auftrittt.

Millamour, Clarinda, von der Frau Useful begleitet.

Millamour. Meine werthe Clarinda! dieses ist eine bewunderungswürdige Güte —

Clarinda. Die mit nichts, als mit ihrer Falschheit zu vergleichen ist.

Millamour. Kann eine so ungerechte Beschuldigung mit so vieler Güte bestehen? Können sie, da sie mich so verlassen haben —

Clarinda Suchen sie nicht sich zu entschuldigen. Sie wissen, wie falsch sie gewesen sind; und nichts als diese Falschheit hat mich vermögen können, mich zu dem zu entschliessen, was ich gethan habe.

Millamour. Bey allem —

Clarinda. Verschwören sie sich nicht mehr — Ich kenne ihre Falschheit! ich habe sie gesehen.
Darum

Darum sind ihre Eidschwüre so vergeblich als gottloß. Glauben sie denn, daß es mir an Beweißgründen fehle. (Sie giebt ihm einen Brief.)

Millamour. Ach! der Brief der Lucina! verwünschter Zufall! sie wird gewiß der Clarinda Schreiben bekommen haben. Doch, ich muß es aushalten. Hören sie mich doch! sie wollen mich einer Falschheit beschuldigen, mich! da kein Stern am Himmel ist, der mich nicht gesehen hat, gleich einem arcadischen Schäfer der ersten Zeiten, nach ihnen seufzen und verlangen. Die Turteltaube ist unbeständig in Vergleichung mir mir. Die Rose wird eher die Jahrszeit ändern und im Winter blühen; die Nachtigall würde die Stimme verliehren, und der Rabe singen; ja, der Phönix würde eine Gattinn haben, daferne ich eine andere Geliebte habe, als sie.

Clarinda. Wann dieses wahr gewesen wäre, so würde die ganze Natur sich eher verändert haben als ich.

Millamour. Ach! sie wissen, daß es die Wahrheit ist. Sie haben dieses Herz gar zu lange gekannt, daß sie glauben können, es sey einer Unbeständigkeit fähig.

Clarinda. Sie haben eine Zunge, welche auch die wahren Syrenen zu ihrem eigenen Verderben einnehmen möchte, und sie würden gestehen müssen, daß ihre Stimme einnehmender, aber zugleich auch weit falscher sey, als ihre eigene;

sie haben so viele Lieblichkeit in ihren Worten, als Härtigkeit in ihrem Herzen.

Millamour. Und in diesem Herzen ist lauter Sanftmuth und Gütigkeit. (Er umarmet sie.)

Clarinda. Halten sie, mein Herr! beleidigen sie meine Ehre nicht; so werth sie mir auch gewesen sind, so ist mir meine Ehre doch werther.

Millamour. Ich soll sie also verlieren, grausame Clarinda! wie sehr muß ich mich über sie beklagen.

Clarinda. Wie viel mehr Ursache habe ich über sie zu klagen! ach! Millamour! verliessen sie mich nicht, wie der Tag unserer Vermählung bereits bestimmet war, verliessen sie mich nicht alsdenn?

Millamour. Der Himmel weiß, mit wie vielem Widerwillen; und nichts als die Furcht sie unglücklich zu machen, konnte mich dazu bewegen.

Clarinda. Das ist eine besondere Liebe, die ihren Gegenstand elend macht, aus Furcht er möge es werden. Und ein Herz das liebet, kann nach meiner Meinung nicht elend seyn, so lange es in dem Besitz dessen ist, was es liebet.

Millamour. O, lassen sie dieses Herz für mich reden, und ihrem zärtlichen Herzen erklären—

Fünfter Auftritt.

Brazen, die Vorigen.

Brazen. Ach Herr, wir sind verlohren.

Millamour. Wie dann?

Brazen. Herr Stedfast ist drunten, mit einem andern Herrn, und schwöret, seine künftige Frau sey hier, und er wolle sie heraus haben.

Clarinda. Ich werde ohnmächtig.

Millamour. Was ist zu thun? — Es ist ein anders Frauenzimmer in dem Cabinet, das sie nicht sehen muß. (Er lauft zum Cabinet und kommt zuruck.)

Brazen. Herr! er wird den Augenblick die Treppe heran seyn.

Clarinda. Ach Himmel! (Sie fällt in Sessel.)

Millamour. Schlüngel, bleibe hier, und hilf mir lügen — Ihre Furcht hat mich auf den einzigen Weg geführet, sie zu retten: gib mir geschwind meinen Mantel und Huth — Madame bleiben sie da auf ihrem Posten, und stellen sich so schwach als möglich ist — Hey, hey, wer macht da solchen Lärm?

Sechster Auftritt.

Millamour, Clarinda, Brazen, Stedfast, Squeezepurse.

Stedfast. Wo ist sie? wo ist sie? die leichtsinnige Herumlauferinn, die nicht einmal an ihrem Hochzeittag zu Hauß bleiben kann.

Millamour. Halten sie, mein Herr! sie müssen dem guten Frauenzimmer keine Unruhe machen.

Stedfast. Keine Unruhe machen, mein Herr?

Millamour. Nein, mein Herr.

Stedfast. Ey, mein Herr! wer sind sie?

Squeezepurse. Herr Stedfast, erlauben sie mir, wenn es ihnen gefällt. Mein Herr, sie mögen seyn wer sie wollen, so glaube ich doch, daß sie nicht wissen was sie thun. Ich muß ihnen sagen, daß diese Person eine Femme Couverte ist; und sehen sie wohl die Folgen davon ein, daß sie selbige ihrem baldigen Manne vorenthalten wollen. Herr Stedfast, sie haben die gerechteste Sache gegen diesen Herrn; die Richter verfahren ißo scharf in dergleichen Verbrechen.

Millamour. Ist sie ihre Braut, mein Herr?

Stedfast. Ja, mein Herr, zu meinem grösten Leidwesen.

Millamour. So haben sie mir ihr Leben zu danken: wenn nicht ungesäumt die rechten Mittel wären angewendet worden, so würde die ganze Facultät sie nicht haben retten können.

Stedfast. Ihnen! wer Teufel sind sie dann?

Millamour. Ich bin ein unwürdiger Praktikus in der Arzneykunst.

Stedfast. Wie ist sie zu ihnen gekommen, in des Teufels Namen?

Millamour. Durch einen wunderbahren Zufall — Eine Schwachheit überfiel sie eben bey meiner Thür, und zum guten Glück war mein Laquay zugegen. Brazen, sage dem Herrn, wie du die Madame herauf geführet hast, wie du gewahr wurdest, daß sie an meiner Thür in Ohnmacht fallen wollte.

Bra-

ein Lustspiel. 75

Brazen. Ich stand, wie mein Herr sagt, an der Thür, und reinigte meine Zähne, wie die kranke Person kam, die dort im Stuhl sitzt, wie mein Herr sagt, und in Ohnmacht sinken wollte, wie mein Herr sagt; ich nahm sie in meine Arme, und führte sie die Treppe hinauf, und setzte sie dort in den grossen Stuhl, und rief meinen Herrn herbey, der gewiß sie so gut als ein Doctor in Engelland curiren kann. Denn, obgleich ich es sage, der ich nur ein armer Laquay bin, er ist in Frauenzimmerkrankheiten der geschickteste Doctor.

Squeezepurse. Ich sah von diesem allen nichts, wie sie eingieng; dieser Bursche scheinet mir fürtreflich aufgelegt zu seyn, einen guten Zeugen vor Gericht abzugeben, oder ich irre mich sehr.

Clarinda. O Himmel! wo bin ich?

Stedfast. Wo sie sind? nicht wo sie seyn sollen, Madame — zu Hause.

Clarinda. Meines Bräutigams Stimme! — Herr Stedfast, wo sind sie?

Millamour. Gehen sie zu ihr, mein Herr, — itzt mögen sie ihr so nahe kommen, als es ihnen beliebt.

Stedfast. Wie ist es mit ihnen zugegangen, Madame?

Clarinda. Ich kann es ihnen nicht sagen, mein Herr. Ich wurde so plötzlich mit einem Schwindel befallen, daß mir alles vor den Augen zu tanzen schien.

Sted-

Stedfast. Es ist ihre eigne Schuld. Was hatten sie nöthig auszulauffen? allein, ist dieser schwindlicher und tanzender Anfall vorüber?

Clarinda. Nicht gänzlich; aber ich befinde mich doch weit besser.

Millamour. Ich weiß nicht, daß dieses Specificum Basilicum magnum jemals fehl geschlagen habe; es ist gewiß ein Universal-Nostrum.

Stedfast. Es ist mir lieb zu hören, daß sie ein Nostrum nennen; daraus schließe ich, daß sie kein regelmässig gezogener Arzt sind, denn diese sind eine Art Leute, die ich niemals zu gebrauchen schon vor vielen Jahren beschlossen habe.

Millamour. Mein Herr, ich habe niemals einen Gradum bey der Academie angenommen.

Stedfast. Ich habe aus dieser Ursache desto mehr Vertrauen zu ihnen.

Millamour. Sie sind ein Mann von Einsicht, mein Herr. Die Academie ist ein verderblicher Ort für einen jungen Arzt. Man gewöhnet sich da an der kurzsichtigen Methode, sich an gewissen Regeln einiger einfältigen Alten zu binden. Nicht einer unter funfzig von diesen Leuten wagt es, einen kühnen Versuch zu thun; ein sogenannter Quacksalber ist der Mann, mein Herr, der sie geschwind von ihrer Plage befreyen kann. Ein regelmäßiger Arzt mißbrauchet die Gedult eines Menschen so sehr, als die Canzelley immer thun kann, und verzehret seine Kräfte, bevor er den Streit zwischen ihm und der Krankheit entscheidet.

Sted-

Stedfast. Kommen sie, Madame: ich glaube, daß sie itzt vermögend sind nach Hause zu gehen, oder wenigstens einen Wagen zu gewinnen.

Millamour Mein Herr, die freye Luft ist ihr schädlich; sie thäten wohl, wenn sie selbige noch einige Zeit hier liessen.

Stedfast. Ich habe beschlossen, daß sie nach Hause soll, es mag daraus entstehen was da wolle. Herr Doctor! nehmen sie dieses für ihre Bemühung, ich bin ihnen dafür sehr verbunden — Madame, wie befinden sie sich jetzt?

Clarinda. O, weit besser.

Millamour. Noch ein Wort, mein Herr! sie werden sehr gut thun, wenn sie für heute ihren Hochzeittag verschieben.

Stedfast. Haben sie keine Sorge — komm, mein Kind — Herr Squeezepurse — Herr Doctor, ihr Diener.

Millamour. Erlauben sie, daß ich Madame zu dem Wagen begleite.

Stedfast. Ey! ich hasse dergleichen Ceremonien; bleiben sie auf ihrem Zimmer. (Er schiebet Millamour bey Seite, und gehet mit seiner Braut und Squeezepurse ab.)

Millamour. Ich bin froh, daß wir diesesmal so wohl davon gekommen sind.

Brazen. Ja, Herr! aber erinnern sie sich, daß sie mir einigen Dank dafür schuldig sind; ich glaube, ich habe recht geschickt gelogen.

Millamour. Gut, bildest du dir darauf was ein? habe ich dich nicht auf die Sprünge führen müssen?

Char-

Charlotte. (pocht an die Thüre.) Doctor, Doctor!

Millamour. Ha, Brazen! geh geschwind, und suche Heartfort auf; bringe ihn sogleich hieher. Meine schöne Gefangene! ich bitte um Verzeihung, daß ich sie so lange verschlossen gehalten habe.

Charlotte. Ach, mein Herr, keine Entschuldigungen; die Kranken müssen gewartet werden. Allein, sagen sie mir, haben sie nicht eine kleine Einsicht in Gewissenssachen? können sie mir nicht einen Rath ertheilen, wie ich mich in dieser Sache zu verhalten habe? und ob ich zugeben könne, daß sie von meinem Vater für einen so vortreflichen Arzt gehalten werden?

Millamour. Ach, Madame! es braucht keiner grossen Einsicht, ein junges Frauenzimmer zu berichten, wie sie sich in solchen Fällen verhalten soll, sie muß allezeit der Vorschrift der Gütigkeit folgen.

Siebender Auftritt.

Millamour, Charlotte, Heartfort.

Heartfort. O lieber Millamour, ich habe lange auf sie gewartet; ha! was ist dieses?

Millamour. Sie mögen auf mich gewartet, oder mich gesucht haben, so ist es mir lieb, daß sie mich gefunden haben; denn ich muß mir eine Gefälligkeit von ihnen ausbitten, die sie mir nicht ausschlagen werden. Madame! sehen sie

ein Lustspiel.

sie ihm nur frey ins Gesicht, ich bin gewiß, wir werden unsern Zweck erreichen.

Charlotte. Welchen Zweck, mein Herr?

Millamour. Kurz, mein Herr! dieses junge Frauenzimmer hat mich ersuchet, in ihrem Namen bey ihnen um Vergebung zu bitten; sie hoffet, sie werden das Vergangene in Vergessenheit stellen, ihr unartiges Betragen gegen sie, und alle kleine Anfälle von Stolz und Leichtsinn, wozu sie die Thorheit der Jugend und die mit der Schönheit verbundne Eitelkeit zuweilen verleitet hat; sie verspricht aufrichtig, und ich bin Bürge für sie, inskünftige sie nicht im geringsten zu beleidigen, daferne sie so großmüthig seyn können, das Vergangene zu verzeihen.

Charlotte. O unerträglicher Muthwillen.

Millamour. Ja, ihr unerträglicher Muthwillen, hoffet sie, werde ihr künftig kein Vorwurf seyn, weil sie von ihrem liebreichen und gütigen Herzen versichert ist; und daß sie belieben werden zu erwägen, ein junges, wildes, munteres und zerstreutes Mädchen sey nicht der Ueberlegung fähig, daß sie der aufrichtigen Neigung eines verständigen und rechtschafnen Mannes, den wahren Werth beylegen könne.

Charlotte. Das ist unerträglich.

Millamour. Ja, ja, ich glaube es auch, mein Herr, ich würde die Härtigkeit ihres Herzens nicht billigen können, wenn es gegen solche Merkmahle der Reue einer Geliebten unempfindlich wäre, sie mag noch so sehr beleidiget haben.

haben. Ob sie es demnach gleich, wie ich gestehen muß, überaus arg gemacht hat, so müssen doch die Thränen ihrer Reue sie erweichen.

Heartfort. Ich bin in einem Traum: denn ich glaube, von ihnen, mein Freund, daß sie meiner nicht spotten werden. Madame, ist es möglich, daß ich mir schmeicheln darf, dasjenige, was ich ihrentwegen ausgestanden habe, sey vermögend gewesen, ihr Herz zu rühren?

Charlotte. Hum, ich danke meinem Schicksal, daß ich es noch habe.

Heartfort. Nein, ich kann noch nicht begreiffen, wie sie so viele Gütigkeit haben können, meine wenige Verdienste so hoch zu schätzen; o, sie sind gar zu gütig; ich habe noch lange nicht genug gelitten.

Millamour. Zum Henker mit ihrer Großmuth! Leiden sie in alle Ewigkeit; ich gönne es ihnen von Herzen.

Heartfort. Ich verdiene ihr Mitleiden jetzt tausendmal mehr, als jemals: mein Herz ist durch diese übermäßige Gütigkeit ganz betäubet.

Millamour. Es ist nichts, als eine gerechte Schuld; sie ist ihnen zu allem verbunden.

Heartfort. Millamour, wenn sie mein Freund sind, so reden sie nichts mehr.

Charlotte. Laßen sie ihn nur fortfahren. Ich schäme mich nicht, zu bekennen, daß ich des Herrn Heartforts Schuldnerin bin.

Millamour. Ey!

Charlotte. Und ob sie gleich den ihnen ertheilten Auftrag etwas überschritten, und mehr gesagt

gesagt haben, als meine Gemüthsart mir zu
sagen würde erlaubt haben; so muß ich doch
bekennen, mein Betragen gegen Heartfort ist
nicht so gewesen, wie er es verdienet hat.

Millamour. Fahren sie fort, Madame, fahren sie fort: sie haben niemals in ihrem Leben
so viel wahres gesagt.

Achter Auftritt.

**Millamour, Charlotte, Heartfort,
der alte und junge Mutable.**

Der alte Mutable. Mein Lord, ich habe über
eine Stunde auf Ew. Herrlichkeit gewartet;
und ich würde sie niemals gefunden haben,
wenn mein Sohn nicht gewesen wäre.

Millamour. Ein besonderer Zufall hat mich
aufgehalten, mein Herr, aber jetzt bin ich bereit, mit ihnen zu gehen.

Der alte Mutable. Sohn, ist das nicht dei-
ne vorige Liebste, die Jungfer Stedfast? Ja
sie ist es, was kann sie hier machen?

Der junge Mutable. Ich wünsche, sie sey
nicht gekommen, meine Heyrath mit des Lords
Schwester zu hintertreiben.

Der alte Mutable. Du hast es getroffen,
mein Sohn, du hast es getroff'n; aber ich will
dem vorbeugen. Mein Lord, mein guter Lord
— (Sie reden besonders.)

Heartfort. Sie bezeigen gar zu viel Güte. Sie
urtheilen zu strenge; über einen kleinen muntern

F   Scherz

Scherz. Manches Frauenzimmer, das nur halb so viel Schönheit und Verdienste besitzet, als sie, thut täglich weit mehr; erlauben sie mir, daß ich glauben darf, sie haben alles nur gethan, mich auf die Probe zu stellen.

Charlotte. Und welches Recht sollte ich gehabt haben, diese Probe anzustellen, wenn ich nicht die Absicht geheget hätte, die ich niemals hegen kann, meinem Vater ungehorsam zu werden.

Heartfort. Ha, die sie niemals hegen können!

Charlotte. Der Himmel verhüte, daß ich meiner Pflicht gegen ihn vergeßen sollte. Darum, Herr Heartfort, muß ich sie ersuchen, daß sie alles, was ist geredet worden, nicht anders verstehen, als daß ich, ungeachtet ihrer Verdienste, dennoch meinem Vater gehorsamen, und diesen Herrn heyrathen muß.

Heartfort. Ich werde verwirrt.

Der alte Mutable. Sie haben recht, Madame: Allein es ist mehr als ein Vater, dem zu gehorsamen ist. Mein Sohn gehöret einem andern Frauenzimmer; und ich vermuthe, daß ich so viel Recht zu meinem Sohn habe, als Herr Stedfast zu seiner Tochter hat. Es ist in der That artig genug, daß man meinen Sohn gleichsam von mir stehlen will, um ihn zu verheyrathen, ich möge wollen oder nicht.

Der junge Mutable. Ja, Madame, es ist sehr hart, daß sie mich auch wider meinen Willen haben wollen.

Charlotte. Freylich ist es.

Der

Der alte Mutable. Es thut mir leid, Madame, daß ihnen ihre Absichten fehl schlagen sollen. Allein mein Sohn war ohne mein Wißen, wie ich ihn ihnen antrug, bereits mit des Lords Truelavs Schwester versprochen. Gewiß, Madame, sie werden einer andern nicht ihr Recht zu rauben suchen.

Charlotte. Wenn es ihnen gefällt, mein hochgeehrter Herr, mein guter mir beschiedener Schwiegervater! ein Wort.

Der alte Mutable. So viel es ihnen belieben wird, Madame; aber kein Schwiegervater.

Charlotte. Ich habe, aus Gehorsam gegen meinen Vater, eingewilliget, ihren Sohn als meinen Mann anzunehmen; allein ich bin jetzt ihrer Weigerung den verbindlichsten Dank schuldig: denn dieser junge Herr ist ein Mensch, für dem ich, seit dem ich ihn zu kennen die Ehre gehabt, eine unendliche und unüberwindliche Verachtung geheget habe.

Der junge Mutable. Verachtung für mich?

Der alte Mutable. Verachtung für meinen Sohn?

Charlotte. Ich würde also sehr unerkenntlich seyn, wenn ich zugeben wollte, daß ein so grosser Wohlthäter als sie sind, in einer Sache die ihn so nahe angehet, betrogen werde. Dieser Herr ist kein Lord, und hat kein Vermögen.

Der alte Mutable. Wie, mein Sohn, kein Lord!

Der junge Mutable. Ja, mein Herr, ich will schwören er ist es.

Charlotte. Und er ist damit umgangen, ihren verschmitzten Sohn mit dem ersten besten Frauenzimmer zu verheyrathen; das albern genug gewesen wäre, sich in sein Geld zu verlieben; ich überlaße es also ihnen, diese Heyrath zu vollziehen, und bin, meine Herren, ihre Dienerin.

Neunter Auftritt.

Millamour, Heartfort, der alte und junge Mutable.

Heartfort. Millamour, ich danke ihnen für die verdrüßlichen Bemühungen, die sie meinetwegen über sich genommen haben; weil ich aber die Sache jetzt nicht mehr für würdig achte, von mir weiter betrieben zu werden; so will ich sie ihres beschwerlichen Titels entledigen, und diesem Herrn seinen Irrthum benehmen. Ich kann ihnen sagen, mein Herr, daß ihr Sohn von aller Verbindung frey ist, und daß sie ihn mit der jungen Person, die uns eben verlaßen hat, verheyrathen können, wenn es ihnen beliebt.

Millamour. Ich versichere ihnen, mein Herr, es thut mir von Herzen leid, daß ich keine Schwester für ihren Sohn habe.

Der alte Mutable. Und sie sind kein Lord?

Millamour. Nein, zu meinem grösten Leidwesen.

Der

Der alte Mutable. Wie, hat man mich denn zu betrügen gesucht? (Zu seinem Sohn.) und wie hast du dich in dieses Complot einlaßen können? Hast du auch deinen Vater betrügen wollen?

Der junge Mutable. Warlich, nein: ich bin selbst so sehr als sie betrogen worden. Ich habe ihn würklich für einen Lord gehalten; denn ich weiß einen Lord von andern Leuten nicht anders als an der Kleidung zu unterscheiden. Sie können nicht auf mich zörnen, Herr Vater.

Der alte Mutable. Nein, mein Sohn, ich will nicht auf dich zörnen; ich weiß du bist ein guter Junge, und ein wohlerzogner Mensch. Allein folge mir. Ich will noch einen Besuch bey dem Herrn Stedfast ablegen, und versuchen, was zu thun sey. Wenn ich ihn versöhnen kann, so ist alles noch wohl. Was soll ich mich mit Lords einlaßen? Wir andre gute Landedelleute gewinnen niemals etwas bey ihnen.

Zehenter Auftritt.
Millamour, Heartfort.

Millamour. Seyn sie nicht verdrüßlich, Heartfort, ich darf versichern, ihre Geliebte ist ihnen gewiß.

Heartfort. Erwähnen sie ihrer nicht mehr; ich überlaße sie ihrem eignen Schicksal. Ich müste mich selbst so verachtungswürdig halten, als den Narren, der uns eben verlaßen hat, wenn ich

ich auch nur gedenken könnte, daß es möglich sey, ich werde ihr verzeihen. Nein, glauben sie mir, Millamour, wenn sie auch selbst mir ihre Liebe antragen, und dabey alle die Bemühungen anwenden sollte, die ich gebraucht habe, sie zu gewinnen; so würde es vergeblich seyn.

Millamour. Sind sie denn durch einen kleinen Leichtsinn der jugendlichen Munterkeit so aufgebracht worden? Den Mädgen werden schon in ihrer Kindheit von ihren Müttern und Aufwärterinnen dergleichen Künste beygebracht, unsere Liebe mehr zu entflammen, oder vielmehr unsre Gedult zu üben, da vielleicht ihre eigne bey solchen Versuchen am meisten leidet.

Heartfort. Allein, hat sie mir nicht als einem Hunde begegnet?

Millamour. Allerdings.

Heartfort. Hat sie nicht mit meiner Leidenschaft ein Spiel getrieben, das unerträglich gewesen ist?

Millamour. Es ist an dem.

Heartfort. Hat sie nicht ein besonders Vergnügen darinne gesucht, mich lächerlich zu machen?

Millamour. Nichts ist gewißer; und weil ich sehe, daß sie es jetzt ertragen können, so will ihnen sagen, sie hat sie beschimpft, sie hat mit ihnen ihr Spiel getrieben, sie hat ihrer gespottet, sie hat ihre Liebe getäuschet.

Heartfort. Nein, Millamour, machen sie ihr keine ungerechte Beschuldigungen; ich kann nicht sagen, daß sie meine Liebe getäuschet hat.

Milla-

Millamour. Dem ungeachtet geben sie ihr ihren Laufzettul; gedenken sie nicht mehr an sie, es würde ihnen eine Schande seyn, wenn sie ihr verzeihen wollten.

Heartfort. Nein, ich finde, daß ich ihr verzeihen kann; es würde niederträchtiger seyn, wenn ich ihr nicht verzeihen wollte. Ja, ja, ich will ihr verzeihen.

Millamour. Nun, so verzeihen sie ihr denn, und denken nicht mehr an sie.

Heartfort. Nein, ich will nicht. Es ist unmöglich, eine so üble Begegnung allein einem Leichtsinn der Jugend zuzuschreiben: denn, wenn ich mich nur überzeugen könnte daß —

Millamour. Und dabey sind wohl tausend Weiber —

Heartfort. Ja, werther Millamour, wohl tausend Weiber haben mit ihren Liebhabern ärger verfahren, und sind doch die besten Ehegattin geworden: die Schuld davon liegt vielmehr an ihrer Erziehung, als an ihrem bösen Herzen. Ein Mann müste eine wilde Grobheit an sich haben, wenn er von seiner Geliebten nicht etwas von dieser Aufführung ertragen wollen, insonderheit wenn sie so jung ist, wie Charlotte, und zugleich so schön. Denn erlauben sie, daß ich ihnen sage, wir müßen viele Fehler der Menge der Schmeichler beymeßen, womit die Schönheit umgeben ist. Ausserdem müßen sie gestehen, mit ihren Fehlern ist ein gewisses freyes und aufgeräumtes Wesen verbunden, welches macht, daß man nicht darüber aufgebracht werden kann.

Millmour. In der That, mich dünkt sie habe keine Fehler, außer solche, die aus ihrer Schönheit, ihrer Jugend, und ihrem aufgeweckten Geist entspringen, darum glaube ich, sie müßen ihr verzeihen, insonderheit, wenn sie selbst darum ersuchen sollte.

Heartfort. Mich darum ersuchen! O, Millamour, könnte ich ihr wohl etwas abschlagen, warum sie mich ersuchte?

Millamour. Gut, gut; darzu wollen wir sie bringen, oder wenigstens so weit, daß sie au ihren Augen abnehmen sollen, sie ersuche sie darum; und sie wißen, die Blicke sind die Sprache der Liebe.

Heartfort. Allein, sagen sie mir doch, wie kam sie auf ihr Zimmer?

Millamour. Ey, sie sind wohl gar eyfersüchtig.

Heartfort. Nein, warlich nicht; wenn ich auch noch so geneigt darzu wäre, so würde mir doch aller Verdacht dadurch benommen werden, daß sie nach mir geschickt haben.

Millamour. Kommen sie, laßt uns ein Glas Wein mit einander trinken, und ich will ihnen alles erzählen, ob ich gleich dadurch genöthiget seyn werde, ihnen die Geheimnüße eines Frauenzimmers zu offenbahren; und ich möchte es eher von einer jeden andern, als von ihrer eigenen Geliebten thun. Nur getrost, Heartfort! was ist ihr Unglück in Vergleichung mit mei-

meinem? ich stehe auf dem Punkt, eine Geliebte zu verliehren, die ich über alles in der Welt liebe. Das einzige Mittel sie zu erhalten, ist, daß ich geschwind mich entschließe, ihr Ehemann zu werden; Ehemann — verhaßter Titel! so soll und muß denn auch ich gefeßelt werden?

Heartfort. Wie leicht, ja wie wünschenswerth, — sind diese Feßeln, wenn sie uns so vollkommene Schönen anlegen, als ihre Clarinda ist; eine wohl getrofne Verbindung ist das höchste Glück, was wir auf dieser Welt erlangen können. lernen sie dieses Glück kennen, und sie werden aus einem Ehestands-Feinde sein größter Freund und Vertheidiger werden.

Millamour. Schwerlich, schwerlich, mein lieber Heartfort, wird dies jemals möglich seyn.

Fünfte Handlung.

Erster Auftritt.

Millamour, Heartfort.

Millamour. Nun hoffe ich, werther Heartfort, daß ich ihnen ihre Eyfersucht benommen habe.

Heartfort. Ich wollte, daß sie mich eben so wohl,

wohl, in Ansehung ihres Verhaltens gegen Clarinda beruhiget hätten.

Millamour. Was sollte ich wohl gethan haben?

Heartfort. Erlauben sie, daß ich aufrichtig mit ihnen rede. Ich bekümmere mich nicht sehr über dasjenige, was sie gethan haben; es ist einmal geschehen; allein jetzt können sie ihr keine andre Erstattung dafür geben, als daß sie ferner ihren Umgang meiden.

Millamour. Warlich eine schöne Erstattung, vielleicht würde sie selbst ihnen für diesen Rath nicht danken?

Heartfort. Vielleicht nicht allein, ich bin gewiß, ihr Mann würde es thun.

Millamour. Ihr Mann! verflucht sey der alte Schelm; er raubt mir einen Schatz, den er nicht werth ist. Allein, er soll ihn gewiß nicht ruhig besitzen; es wird mir ein Vergnügen seyn, ihn so viel als ich kann, zu quälen.

Heartfort. Ey, welches Vorrecht haben sie, eines andern Glückseeligkeit anzutasten, und zu stöhren. Ausserdem, wenn gleich Schande und Verdruß zuerst den Mann trift, so verbreiten sie sich doch auch auf andere: die Frau ist derselben jederzeit eben so sehr ausgesetzt, und öfters ist sie genöthiget, selbst ihren Buhler ins Verderben zu ziehen. Derjenige, welcher Spott und Schande am meisten verdienet, ist gemeiniglich derjenige, den sie am wenigsten trift.

Millamour. Ey, sie werden doch wohl keinen Heuchler vorstellen wollen. Sie werden ver-
muth=

muthlich nicht behaupten, daß sie diesen Grundsätzen gemäß leben.

Heartfort. Mein Leben stimmet vielleicht mit meiner Erkänntniß nicht allezeit überein; jedoch behaupte ich, daß ich mir angelegen seyn laße, andere so wenig als möglich zu beleidigen. Ich kann meine Hand an mein Herz legen, und sagen, daß ich niemals ein junges Frauenzimmer zu ihrem Verderben geführet habe; oder eine Verheyrathete zu Kränkung ihres Mannes. Und ich bin auch von ihnen versichert, da ich ihr gutes Herz kenne, daß alles, was sie diesem zuwider begehen mögen, allein daraus entspringe, daß sie die Folgen ihrer Handlungen nicht erwägen; und wenn ein Frauenzimmer ihnen ihr Unglück beymeßen kann, so können sie es gewiß der verderblichen Gewohnheit beymeßen.

Millamour. In der That, wenn wir die Sache auf eine ernsthafte Art betrachten wollen —

Heartfort. Und wie sollten wir das nicht thun? Die Gewohnheit kann einen Menschen zu vielen Irrthümern verleiten, sie rechtfertiget selbe aber nicht; und keine ihrer Gesetze sind ungeräumter und ungerechter, als diejenigen, welche den Umgang der beyden Geschlechter betreffen, denn was ist lächerlicher, als es bey einem Frauenzimmer für schändlich zu halten, wenn sie das verwilliget, welches uns anständig ist, zu begehren, oder wohl gar durch List und Ränke zu suchen; aus einer Verführten ein Schimpfwort, und aus einem Verführer ein Ehrenwort

wort zu machen? da es doch gewiß ist, daß an sich kein schändlicherer Character könne gedacht werden, als ein allgemeiner Verführer unschuldiger Mägdchen, oder Ehefrauen zu seyn.

Millamour. Schweigen sie, Heartfort, sie bringen mir ans Leben.

Heartfort. Ich will nichts mehr sagen. Es ist mir lieb, daß Sie ein Gefühl haben; es ist ein sicheres Zeichen, daß ihr Gewissen noch nicht verhärtet ist.

Millamour. Ja, ich kann fühlen, und nur gar zu sehr, daß ich gegen eine Person unverantwortlich gehandelt habe, die keine Fehler hätte, als daß sie mich närrisch liebte. Warlich, sie haben bey mir einen Feind erwecket, der sie genugsam rächen wird. Wie war es möglich, lieber Heartfort, daß ich mich so vieler Grausamkeit schuldig machen konnte, ohne es zu erkennen? Und wie konnte ich sie so hoch beleidigen, ohne es zu sehen, bis jetzt da es zu spät ist, und ihr keine Ersetzung geben kann.

Heartfort. Entschließen sie sich, sie nicht mehr zu sehen, das ist die beste Schadloshaltung, die sie in ihrer Gewalt haben.

Millamour. Wohl, ich will es beschließen, und ich wünsche mehr thun zu können.

Zweyter Auftritt.

Millamour, Heartfort, Fr. Useful.

Fr. Useful. Ach, Millamour, ach!
Millamour. Was neues?
Useful. Ach, ich bin tod.

Heart-

Heartfort. Nun, was soll dieses bedeuten?
Useful. Geben sie mir ein Glaß Wein; ich habe fast den Athem verlohren.
Millamour. Hilf, Hearfort, hilf.
Useful. Ach ich erhole mich wieder — noch ein Glaß.
Heartfort. Sie haben keine Ursache über ihren Athem zu klagen; denn sie können zwey Gläsfer, wie ich merke, in einem Athem trinken.
Useful. Wohlan dann, jetzt bin ich wieder ein wenig zu mir selbst kommen; ich habe ihnen eine angenehme Neuigkeit zu überbringen: Herr Stedfast hat mich abgesendet sie zur Clarinda zu führen.
Millamour. Er hat zu spät gesendet! denn ich habe beschloßen, sie nicht mehr zu sehen.
Useful. Was sagen sie?
Millamour. Was ich sage, ist mein völliger Ernst.
Useful. Sie wollen sie nicht mehr sehen!
Millamour. Niemals.
Useful. Sie wollen Clarinda nicht mehr sehen.
Millamour. Ich habe gefunden, daß dieses die einzige Erstattung ist, die ich ihr thun kann. Mein Herz kann mir keine einzige Handlung in meinem Leben vorwerfen, die mit meinem Betragen gegen Clarinda zu vergleichen ist, und ich wollte gerne alles in der Welt thun, ihr Unglück erträglicher zu machen.
Useful. Wenn das ihre Absicht ist, so müßen sie geschwind zu ihr gehen, und ihr ein schleuniges Mittel an die Hand geben, sich auf eine gute Art der bevorstehenden Heyrath zu entziehen;

hen; ich schwöre ihnen zu, daß sie den Herrn Stebfast eben so sehr haßt, als sie liebt; sie ist bereit alles zu thun, was sie zu der ihrigen machen kan.

Millamour. Allein, glauben sie in der That, daß dieses ihre Gesinnungen sind?

Useful. Was könnte sie sonst bewegen, eine solche List zu ersinnen, als sie würklich thut? sich krank zu stellen, damit sie als ein Arzt möchten gefordert werden?

Millamour. Wenn ich das glauben könnte —

Useful. Und was wollen sie sonst glauben? Kann wohl etwas ein Frauenzimmer mehr kränken, als daß sie verachtet wird?

Millamour. Verachtet! wie, ich sollte meine Clarinda verachten? Sie, die ich über alles hochschätze, die ich anbete; ich eile zu ihr, ein Wink von ihren Augen soll mein künftiges Schicksal bestimmen. Heartfort, sie werden mich entschuldigen; ein Geschäfte, ein sehr wichtiges Geschäfte erfordert, rt, daß ich mich wegbegebe.

Heartfort. Ich kann das Geschäfte aus ihrer Gesellschaft errathen.

Millamour. Kommen sie geschwind und führen sie mich an den Ort, wo ich meine Freyheit verliehren soll, und wo ich sie auch gerne verliehren will, Clarinda beherrscht mich unumschränkt, und ich gehorche ihr blindlings.

(Gehen ab.)

Heartfort. Da gehet ein Beweiß von der grossen Gewalt, welche unsre Vernunft über unsre Leidenschaft hat. Allein, warum will ich einen

Be-

Beweiß außer mir suchen, da ich ein so überzeugendes Beyspiel davon in meiner eignen Brust spüre? Wenn die Vernunft die Herrschaft hätte, sollte ich längst den kleinen Tyrannen aus elber vertrieben haben, der es so gequälet hat. Was nutzet uns denn die Vernunft? Sie nutzt so viel, als das Fenster an einem Kerker einem Gefangnen nutzt; es läßt ihm seinen elenden Zustand beschauen, giebt ihm aber keine Mittel an die Hand, sich zu retten.

Dritter Auftritt.
Clarinda, Chorlotte, in Stedfasts Hause.

Clarinda. Ach Charlotte, laßen sie sich durch nichts verleiten, sich mit einer Person zu verbinden, gegen den sie Verachtung hegen. Das Band der Ehe wird nur durch den Tod aufgelöset. Hätte ich die ganze Welt, ich wollte sie darum geben, meine zu hintertreiben.

Charlotte. Sie sehen, Clarinda, es ist leichter einen guten Rath zu ertheilen, als ihn anzunehmen.

Clarinda. Sie sind nicht in meinen Umständen. Erwägen sie, Charlotte, erwägen sie nur blos die Gefahr, worein mich die täglichen Nachstellungen eines Mannes setzten, der einen so großen Freund in meiner Brust hatte. Mein weniges Vermögen war darauf gegangen. Ich war eine Wayse ohne Freunde und Hülfe. Derjenige,

jenige, den ich liebte, und mit dem ich zuletzt hätte die Arbeit theilen müßen, weigerte sich, mich zu ehlichen. Was würde Charlotte denn gethan haben? Würde sie wohl einen reichen und angesehenen Freyer ausgeschlagen haben?

Charlotte. Ich weiß nicht, was ich würde gethan haben? der Himmel verhüte, daß mich der Fall nicht treffe! doch bin ich gewiß, ich würde keinen Alten nicht genommen haben.

Clarinda. Werthe Charlotte, laßen sie sich durch nichts verleiten, den Pfad der Ehre zu verlaßen.

Charlotte. Und dennoch, meine werthe Clarinda, können sie sich kränk stellen, um ihren Liebhaber zu sehen. Wie stehet es mit der Ehre eines Frauenzimmers, wenn sie mit dergleichen Krankheit befallen wird?

Clarinda. Warlich sie beschuldigen mich mit Unrecht. Der Abscheu, den ich habe, mit ihrem Vater verheyrathet zu seyn, ist Ursache, daß ich diese Krankheit vorwende, die in der That bald nicht mehr erdichtet seyn wird. Denn was Millamour betrift, so habe ich fest beschloßen, ihn niemals mehr zu sehen.

Charlotte. Allein ich darf doch schwören, ich sahe die Useful in einen Wagen tretten, in der Absicht ihn, auf Verlangen meines Vaters, als ihren Arzt zu hohlen.

Clarinda. Sie erschrecken mich, das böse Weib ist nicht vergnügt, daß sie die Ursache alles meines Unglücks ist; sie will mich noch bis auf den letzten Augenblick verfolgen.

Char.

Charlotte. Sie hat etwas an sich, das mir zuwider ist; und ich habe mich öfters verwundert, daß sie ihr so viel Freyheit verstatten.

Clarinda. Ach, Charlotte! wie leicht kann nicht in betrübten Umständen die Unverschämtheit es über uns zur Herrschaft bringen? ausserdem ist dieses Weib vermögend sich als ein Engel zu verstellen, ob sie gleich ein eingefleischter Teufel ist. Wo soll sich die Unwissenheit von zwanzig Jahren gegen die geübten Künste eines solchen Weibes schützen? glauben sie mir, ich danke vielmehr dem Himmel, daß ich mich sowohl heraus gewickelt habe, als daß ich mich wundern sollte, daß ich nicht besser gefahren bin.

Charlotte. Auf, meine werthe Madame! wenn ich ihnen einen Rath ertheilen darf, so begnügen sie sich an der Ehre, die sie bereits erhalten haben; denn, wenn sie noch einmal sich in den Streit wagen sollten, so befürchte ich, die Früchte ihrer vorigen Siege werden verlohren gehen. Doch stille! begeben sie sich nach ihrem Stuhl, mein Vater kommt herauf.

Vierter Auftritt.

Die Vorigen, Stedfast, Millamour, Useful.

Stedfast. Nun, Madame! wie befinden sie sich itzt?

Charlotte. Sie ist überaus schlecht.

Stedfast. Ich frage dich nicht. — Wie befinden sie sich, mein Kind?

Clarinda. Ach!

Stedfast. Ach! das ist wohl einer der erfreu॰
lichsten Hochzeittage, die ein Mann gehabt
hat. Nun, der Doctor wird bald hier seyn.

Charlotte. Das letzte Wort, das sie sprach, war,
daß sie den Doctor nicht sehen wollte.

Stedfast. Gut, meine Tochter! aber mein letz॰
tes Wort war, daß sie ihn sehen soll.

Clarinda. Ach! keinen Doctor, — keinen
Doctor.

(Useful kommt mit Millamour an.)

Useful. Hier, mein Herr! haben sie den Doctor.

Stedfast. Es ist mir lieb, daß sie gekommen
sind, mein Herr: meine Braut befinder sich sehr
schlecht — tretten sie ihr näher, ein Arzt sollte
ein wenig eilfertiger seyn.

Millamour. Geben sie mir ihre Hand, Ma॰
dame!

Stedfast. Wie befinden sie sich, mein Kind?

Clarinda. Ach!

Stedfast. Das ist alles, was ich von ihr habe
heraus bringen können. Herr Doctor, sie kann
ihnen nicht einmal sagen, worinn ihre Schwach॰
heit bestehet.

Useful. (Für sich.) Wahrlich, ein geschickter
Arzt, er sucht den Puls in der flachen Hand.

Stedfast. Wie finden sie meine Braut, mein
Herr Doctor?

Millamour. Ich wünsche mein Herr, daß ihr
Zustand nicht gefährlicher seyn möge, als man
sich es vorstellet.

Sted॰

Stedfaſt. Die Welt ſoll nicht ſagen, daß ſie geſtorben ſey, weil es ihr an Hülfe gefehlet habe. Ich will gehen, und noch einen Doctor herbey hohlen.

Millamour. Es wird nicht nöthig ſeyn: ich traue meiner eignen Einſicht ſo viel zu.

Stedfaſt. Ich habe es beſchloſſen.

Uſeful. (Zur Charlotte.) Kommen ſie, Madame, wir wollen den Doctor die Krankheit ausforſchen laſſen.

Fünfter Auftritt.
Clarinda, Millamour.

Millamour. Ach, reden ſie mit mir, Clarinda! — ſagen ſie meiner Seele etwas zärtliches, oder ich ſterbe vor ihnen.

Clarinda. Ach! ſie haben mich ins Verderben geſtürzt, Millamour.

Millamour. Oder vielmehr, ich habe mich ſebſt ins Verderben geſtürzt — mich ſelbſt. Allein, ihr Unglück quälet mich weit mehr; ich wollte gerne alles leiden, ſie zu retten. Meine einzige Liebe! zu ſpät erkenne ich die Thorheiten meiner zügelloſen und ausſchweifenden Neigung.

Clarinda. Wären doch ihre Augen nur geſtern eröfnet geweſen: aber jetzt iſt es zu ſpät.

Millamour. Zu ſpät! ich will die verfloßne Zeit zurück führen. Denken ſie nicht, daß es zu ſpät ſey: könnten ſie nur ihre Geſundheit wie-

der

der erlangen, so sollte uns nichts hindern glücklich zu seyn.

Clarinda. Meine Krankheit ist eine blosse Verstellung, um sie noch einmal zu sehen, und ihnen das letzte Lebewohl zu geben.

Millamour. O, du Quelle unendlichen Vergnügens, du englischer Liebreitz! das letzte Lebewohl! so werde ich auch von dem Leben Abschied nehmen; denn ohne sie, Clarinda, ist mir das Leben eine Last. Der Himmel ist mein Zeuge, könnte ich den gestrigen Tag zurück ruffen, so würde ich alle Schönheiten und Reichthümer der Welt, wenn sie mir angebothen würden, ihrer zärtlichen Liebe aufopfern. O, ich Thor, daß ich mit einem solchen Glück gescherzet habe, biß es mir entgangen ist.

Sechster Auftritt.

Millamour, Clarinda, Charlotte, Useful, Stedfast, D. Crisis.

Useful. Hurtig, hurtig! auf ihren Posten, auf ihren Posten.

Stedfast. (mit dem D. Crisis.) Herr Doctor, hier ist ihre Kranke; der Himmel regiere ihre Einsichten.

Crisis. Mein Herr, mein Herr, hören sie zuvor! wer ist dieser Mensch? ich sehe, daß er ihren Puls untersucht.

Stedfast. Es ist ein Amtsbruder, mein Herr.

Crisis. Und wie nennet er sich?

Stedfast. Herr Doctor! der D. Crisis verlangt ihren Namen zu wissen.

Millamour. Meinen Namen! — Meinen Namen. Ich heisse Gruel.

Crisis. Gruel! der Name ist mir nicht bekannt; ich erinnere mich nicht, jemals davon bey der Facultät gehört zu haben. Vielleicht ein Quacksalber, wie es scheint — Mein Herr, hier können sie ihre Rechnung finden — Ich bin ihr Diener.

Stedfast. Bleiben sie doch, bleiben sie doch, mein werther Herr Doctor.

Crisis. Ich will mich mit keinem Quacksalber berathschlagen; ich habe nicht die Arzneykunst gelernet, mich mit einem Quacksalber einzulassen. Warum haben wir eine Facultät, wenn wir Quacksalber zu Rathe ziehen wollen?

Stedfast. Um des Himmels willen, mein Herr, meine Braut muß sterben.

Crisis. Ich kann nicht dafür. Und wenn die halbe Welt sterben sollte, so werde ich mich nicht einlassen, biß dieser Mensch aus dem Zimmer ist; das habe ich beschlossen.

Stedfast. Ey, wenn sie es auf den Fuß nehmen, mein Herr; so habe ich beschlossen, daß er in dem Zimmer bleiben soll. Er soll nicht fort, wenn auch das Leben meiner Frau dadurch könnte gerettet werden. Wir wollen also sehen, wessen Entschluß zuerst soll rückgängig werden, ihr oder mein? Beschlossen — ey!

Crisis. Johe, laß meinen Wagen vorfahren; ich

sollte mit einem Quackſalber mich berathſchla‐
gen!

Stedfaſt. Herr Doctor! geben ſie mir mein
Geld zurück.

Criſis. Ihr Diener.

Millamour. Ich hoffe, mein Herr, daß wir
ſeines Raths nicht bedürfen. Ich finde, daß
die Krankheit ſich gebrochen hat, und in einer
halben Stunde kann ich ihnen vermuthlich die
angenehme Nachricht ertheilen, daß ihre Braut
auſſer Gefahr iſt.

(Ein Diener ſagt Stedfaſt etwas heimlich.)

Stedfaſt. Herr Doctor, ſie werden mich auf ei‐
nige Minuten entſchuldigen; eine Frau verlangt
mich zu ſprechen.

Clarinda. Leben ſie wohl, Millamour!

Millamour. Wie? ſie wollten mich ſchon ver‐
laſſen? nein, ich folge ihnen nach.

Clarinda. Bleiben ſie zurück; ich will niemals
ihr Angeſicht wieder ſehen, die verwünſchte Ur‐
ſache alles meines Elendes.

Millamour. Grauſame Clarinda! kann ich
denn vorſetzlich die Urſache ihres Elendes ſeyn,
da ich nicht die ganze Welt gewinnen wollte,
wenn es ihnen einen Seufzer koſten ſollte?

Clarinda. Ihr Umgang iſt meiner Ehre gefähr‐
lich, und künftig werde ich ſie als eine anſte‐
ckende Seuche fliehen. Leben ſie wohl, und be‐
denken, daß ſie eine Frau verlohren haben, die
bloß aus Zärtlichkeit ſich nicht unterſtehen darf,
ſie mehr zu ſehen.

Millamour. Ach Verzweiflung! ach, Clarinda!

Uſe‐

Useful. Ha, ha, ha! daß doch ein Mann, der unser Geschlecht sowohl kennet, als Mr. Millamour verzweifeln kann, wenn er den Sieg in Händen hat.

Millamour. Aber, sagte sie nicht, sie wollte mich nimmermehr sehen?

Useful. Ja, allein, hat sie das nicht wohl hundertmal gesagt, und hat sie doch oft gesehen?

Millamour. Das ist wahr, Clarinda! ich kann, will, und werde nicht von dir ablassen, ich sterbe vor deinen Füssen, oder du sollst die meinige seyn. (ab.)

Siebender Auftritt.

Stedfast, und Plotwel.

Stedfast. Wahrlich, ein feiner und billiger Mann! konnte er sich denn nicht mit einer begnügen? muste er meine Braut und Tochter zugleich haben? will er sich meine ganze Familie zueignen? ich weiß nicht, wie ich mich der Verbindlichkeit entledigen soll, die ihre Sorge für meine Ehre mir auferlegt hat.

Plotwel. Können sie denn nichts in meinem Gesicht entdecken, welches sie auf die Ursache dieser Sorge führen möchte? sehen sie mich recht an, und sagen mir, ob sie in diesen Zügen nichts antreffen, das ihnen bekannt ist?

Stedfast. Es ist etwas in der Stimme, welches —

Plotwel. Und dieses etwas war ihnen vormahls eine angenehme Musik, daferne sie sonst aufrichtig gegen Cleomela geredet haben.

Stedfast. Cleomela!

Plotwel. Enthält denn dieser Name etwas schreckendes? Das Alter hat noch keine Runzeln auf diesem Gesichte gepräget, ob es sich gleich sehr verändert hat. Wenn das Andenken einer ehemaligen Liebe angenehm ist, so sollte es ihnen auch der Name Cleomela seyn.

Stedfast. Ich bin so verwirrt, daß mein Verstand kaum vermögend ist, sich von ihnen eine Vorstellung zu machen.

Plotwel. Besorgen sie nur nichts. Ich bin nicht gekommen, sie mit Vorwürfen zu quälen, oder ihren Ohren mit Klagen über das erlittene Unrecht und ihr gebrochnes Versprechen zu betäuben.

Stedfast. Sie wissen, sie haben keine Ursache dazu. Es war ihre eigne Schuld, daß ich es nicht erfüllet habe; wenn sie mich in mein Vaterland hätten begleiten wollen, so wissen sie, daß ich geneigt war, sie zu heyrathen; und sie wissen auch, daß ich entschlossen war, es nicht zu thun, wenn sie sich nicht dazu verstehen würden: sie blieben zuruck, und ich blieb bey meinem Entschluß. Aber sagen sie mir, wie kommen sie jetzt an diesen Ort?

Plotwel. Ich habe eine Freundinn begleitet, welche hier den Millamour ihren Liebhaber aufsuchen wollte, der sie, aller Eydschwüre ungeachtet, verlassen hat.

ein Lustspiel.

Stedfast. Ha, ha, ha! Eydschwüre! in der Liebe bedeuten die Eydschwüre nichts mehr, als Complimente im täglichen Umgang: und es ist eben so lächerlich, einer jungen Mannsperson zu glauben, die eine ewige Beständigkeit ihrer Liebe schwöret, als demjenigen zu glauben, der uns versichert er sey unser gehorsamster oder unterthänigster Diener.

Achter Auftritt.

Millamour, Stedfast, Plotwel.

Millamour. Mein Herr! ich muß ihnen eine sehr unangenehme Nachricht überbringen.

Stedfast. Und was ist es denn?

Millamour. Clarinda ist in eine Art von Raserey verfallen, und ich zweifle sehr, ob sie jemals wieder zu Worte kommen werde.

Stedfast. Es ist nichts daran gelegen. Sie hat noch Hände ihre Meinung zu schreiben; und wenn ihr auch diese fehlen sollten, so würde sie schon eine andere Art erfinden sich auszudrücken. Sie wird eben so ausserordentliche Mittel ersinnen, die Tücke ihres Herzens zu entdecken, als Lucina erfand, ihre Schmach zu erkennen zu geben.

Millamour. Wie? ich glaube, sie sind von der Raserey ihrer Braut angestecket worden?

Stedfast. Ja, ja! ich bin freylich angesteckt — ich — aber hüten sie sich Herr —

Neunter Auftritt.

Die Vorigen, der alte Mutable.

Der alte Mutable. Wahrlich, Herr Stedfast, es thut mir leid zu hören, daß ihre Braut sich nicht wohl befindet.

Stedfast. Ich glaube es: denn sie und ich werden uns nicht leicht einerley Sache zu Herzen gehen lassen.

Der alte Mutable. (Betrachtet Millamour.) Nein, er ist es nicht — ja, er ist es — es ist unmöglich — wahrlich, er ist es — mein werther Lord Truelave — ihr gehorsamer Diener.

Stedfast. Wie! Lord Truelave?

Der alte Mutable. Ja, mein Herr, das ist der würdige Lord, mit dessen Schwester ich meinen Sohn verheyrathen wollte, biß ich zu meinem Glück entdeckte, daß der Lord Truelave kein Lord sey, sondern ein gewisser junger liederlicher Mensch, der unter dem Namen von Millamour herum lauft.

Stedfast. Was höre ich?

Millamour. Gewiß, ich glaube, das ganze Hauß ist angesteckt, und ein jeder, der herein kommt, wird wahnwitzig.

Der alte Mutable. Wahnwitzig! es ist wahr, sie haben mich zum Narren gehabt; ich werde es ihnen verdanken.

Stedfast. Ich wäre ein verschmitzter Kopf, wenn der Doctor Gruel ein Betrüger ist.

Plot-

Plotwel. Ey, Mr. Millamour.

Millamour. Ja, dann es ist vergeblich, gegen solche Zeugen zu streiten; und ich finde weniger Unverschämheit dabey es zu gestehen, als es ferner zu läugnen. Was bringt sie hieher?

Plotwel. Ich habe meiner Freundinn Lucina einen Gefallen erwiesen, und ihre Anschläge, Herr Millamour, zu nichte machen wollen, ihr Verfahren —

Millamour. Stille hier davon, meine liebe Plotwel! lassen sie uns an einem andern Ort weiter reden. *(Beyde ab.)*

Der alte Mutable. Mein Herr Stedfast, wenn es ihnen gefällt, wollen wir die Hochzeit nicht länger aufschieben.

Stedfast. Mein Herr! ich hasse das Wort Hochzeit.

Der alte Mutable. Ey, ich hoffe, sie werden nicht fähig seyn, ihren Entschluß zu brechen.

Stedfast. Ich möchte mir das Herz zerbrechen: ich bin jetzt zu allem fähig, ausser glücklich zu seyn.

Der alte Mutable. Kommen sie, das vorgegangene thut mir leid, und meine Reue zu zeigen, will ich mich ausser Stand setzen, sie mehr zu beleidigen. Wozu nützet der Aufschub? Laßt uns diesen Abend noch die Hochzeit anstellen.

Stedfast. Wenn es ihnen beliebt, mein Herr.

Der alte Mutable. Wenn ihre Tochter dazu bereit ist, mein Sohn ist bereit.

Sted-

Stedfast. Ich habe keine Tochter, mein Herr.

Der alte Mutable. Ha, ha, ha, sie sind ein scherzhafter Mann.

Millamour. O, mein Herr, eine angenehme Nachricht; Clarinda ist vollkommen hergestellet, die Krankheit verließ sie, gleichsam durch ein Wunderwerk, sobald sie die Frau Plotwel ansichtig wurde.

Stedfast. Aber meine Krankheit hat mich nicht verlassen.

Millamour. Haben sie einen guten Muth, mein Herr! ich bin ihnen Bürge dafür, ich will sie davon befreyen, was ist ihre Krankheit?

Stedfast. Eben diejenige, die sie jezt plaget — meine Braut.

Millmour. Ist das alles?

Stedfast. Diese Verspottung ist empfindlicher, als ihre erste Beleidigung: allein das Recht soll mir für beyde Gnugthuung verschaffen.

Millamour. Hier kommt ein beßrer Freund als das Recht. Ich weiß nicht, wie verdrießlich es ihnen hat fallen können, meine Geliebte zu heyrathen, aber das weiß ich, daß sie gar nicht geneigt sind, ihre eigene Tochter zu heyrathen.

Stedfast. Wie? was? meine Tochter?

Zehnter Auftritt.
Die Vorigen, Clarinda, Charlotte, Heartfort.

Plotwel. Werden sie nicht bestürzt bey diesem Worte, sondern danken sie vielmehr dem Himmel,

mel, der mich heut hieher gesandt hat, ihren Fall abzuwenden, da sie demselben so nahe waren; und umarmen sie ihre Tochter mit einer Freude, die einer so glücklichen Begebenheit gemäß ist.

Clarinda. Mein Vater! — denn ich werde sie künftig so nennen.

Stedfast. Nennen sie mich wie sie wollen, nur nicht Mann.

Plotwel. Sie ist wahrlich ihre Tochter; das Pfand unserer Liebe; ein Beweiß ihrer Treulosigkeit und meiner Schande; Useful hat sie verführet, das Kloster zu verlassen, wo ich glaubte, sie in Sicherheit gebracht zu haben.

Clarinda. Mein Vater! ich bitte sie kniend um ihren Seegen, und werde nicht eher aufstehen, biß sie mir denselben ertheilet haben.

Stedfast. Empfange ihn, mein Kind, und sey versichert, daß kein Vater denselben jemals mit grösserm Vergnügen ertheilet hat — dieß ist wahrlich eine glückliche Entdeckung; ich habe eine Tochter gefunden, und eine Braut verlohren.

Plotwel. Mein Kind, laß mich dich noch einmal umarmen; ich kenne kein grösseres Glück als dieses.

Der alte Mutable. Wie, Herr Stedfast, haben sie mehr als eine Tochter?

Stedfast. Wie sie sehen, mein Herr.

Der alte Mutable. So hoffe ich, sie werden es nicht übel deuten, wenn ich mich nicht weiter mit ihnen einlasse.

Stedfast. Mein Herr, ich wollte keine Tochter

in ihre Familie verheyrathen, wenn ihr Vermögen noch einmal so groß wäre. Da haben sie meinen Enschluß. Ich würde dabey befürchten müssen, Großvater von einem Wetterhahn zu werden.

Der alte Mutable. Ganz wohl, mein Herr, ganz wohl, — es ist noch nichts versehen — Mein Sohn ist in statu quo, und derselbe feine nnd wohlbelebte Mensch der er war. (ab.)

Heartfort. Ihre Ehre, mein Herr, verbindet sie jetzt zu nichts mehr. Sie werden mir erlauben, daß ich ihnen noch einmal mein Verlangen mich mit ihrer Familie zu verbinden, antrage. Insonderheit wenn noch eine Tochter ihr Vermögen mit meiner Charlotte theilen soll; vielleicht möchten sie mich noch endlich ihrer würdig achten.

Stedfast. Nehmen sie sie hin — nehmen sie sie hin.

Charlotte. Ich habe ihnen oft gesagt, Heartfort, wie sehr ich meinem Vater gehorsamen wollen; allein, sie werden daraus nicht den Schluß machen, daß ich meinem Mann gleichen Gehorsam leisten werde.

Heartfort. Wenn ich mehr Gehorsam von ihnen verlangen werde, als sie mir zu leisten willens sind, so hoffe ich, sie werden mich mit einer Empörung bestrafen.

Charlotte. Gut, ich bekenne, ich habe so viel Beständigkeit nicht verdienet; allein, ich versichere ihnen, ich werde mich bemühen, sie durch meine

meine Dankbarkeit dafür bezahlt zu machen: denn ich mag nicht gerne schuldig bleiben.

Millamour. Mein Herr, sie hatten die Güte, mir heut zu versprechen, daß sie mir geben wollten, was ich verlangen würde, wenn Clarinda ihre Gesundheit wieder erlangen sollte.

Stedfast. Ey, sie sollen sie haben, ehe sie selbige verlangen; sie hat ihnen bereits ihre Neigung gegeben, und ich gebe ihnen hiermit das übrige. Der Himmel sey gepreiset, daß ich sie beyde loß geworden bin; doch hier ist noch eine; könnte ich die nur auch loß werden, und mein Hauß völlig rein machen. Denn es ist unmöglich, daß ein Mann bey seinen Entschlüssen bleiben kann, so lange er ein Weib im Hause hat.

Millamour. Meine Clarinda! welches entzückende Vergnügen!

Clarinda. Mein Millamour! mein geliebter Millamour!

Miliamour. Heartfort! freuen sie sich mit mir; ich bin jetzt der glücklichste unter allen Menschen; ich habe ein unschätzbares Kleinod erhalten, wie die Gefahr es zu verliehren, am grösten war. Ach, Clarinda! möchten doch meine vorigen Thorheiten, durch einen so ausserordentlichen Glücksfall zur Vermehrung unsrer beyderseitigen Glückseligkeit gereichen! ich werde das Glück sie zu besitzen mit einem zweyfachen Vergnügen genüssen, wenn ich an die Gefahr sie zu verlieren gedenke, der mich meine ausschweifende Neigungen ausgesetzet hatten: und sie können dadurch die Versicherung bestärken, daß
sie

sie an mir einen zärtlichen und beständigen Ehemann finden werden.

Heartfort. Millamour, sie vergessen sich! denken sie denn nicht daran, daß sie ein Ehestandsfeind sind?

Millamour. Nein, Heartfort! ich bin es nicht mehr; der reitzenden Clarinda Tugend und Liebe haben meinen Ehestandshaß besiegt. Wären alle Frauenzimmer wie sie gesinnt: so würde der Leichtsinn meines Geschlechts bald verschwinden; und jedermann müste dann zugestehen, daß ausser der Ehe kein vollkommnes Glück zu finden sey.

Plotwel. (zum Stedfast mit dem sie bis itzt leise geredet hat.) Was sagen sie nun? und worzu werden sie sich entschlüssen? wollen —

Stedfast. Gnug! ich bin vollkommen überzeugt, daß auf ihrer Seite das Recht, und auf meiner Seite das Unrecht ist. Von dieser Stunde an sind sie meine liebe Frau! sie waren meine erste Liebe: sie sollen auch meine letzte seyn. Kommen sie! und ihr meine Kinder begleitet uns. Der heutige Tag werde für uns alle ein fröhlicher Hochzeittag! — denn so habe ich es beschlossen.